김미경의 우뇌 교육 혁명

김미경의 우뇌 교육 혁명

초 판 1쇄 2023년 12월 28일

지은이 김미경
펴낸이 류종렬

펴낸곳 미다스북스
본부장 임종익
편집장 이다경
책임진행 김가영, 박유진, 윤가희, 이예나, 안채원, 김요섭, 임인영

등록 2001년 3월 21일 제2001-000040호
주소 서울시 마포구 양화로 133 서교타워 711호
전화 02) 322-7802~3
팩스 02) 6007-1845
블로그 http://blog.naver.com/midasbooks
전자주소 midasbooks@hanmail.net
페이스북 https://www.facebook.com/midasbooks425
인스타그램 https://www.instagram/midasbooks

© 김미경, 미다스북스 2023, *Printed in Korea*.

ISBN 979-11-6910-434-0 03370

값 18,500원

미다스북스는 다음세대에게 필요한 지혜와 교양을 생각합니다.

RIGHT BRAIN REVOLUTION

김미경의 우뇌 교육 혁명

공부 천재, 독서 천재로
만들어 주는 우뇌의 마법

김미경 지음

미다스북스

대한민국 모든 아이들이 행복한

우뇌 세상을 꿈꾸며

나는 아무것도 모른 채 엄마가 되었다. 아이는 수없이 많은 사인을 보냈지만 아는 것이 없으니 알아차리지 못하다가 5세 때 유치원 부적응 문제로 선생님의 편지를 받고 비로소 심각성을 인식하게 되었다. 막연한 미안함과 불안감에서 무작정 '어떻게 하면 내 아이를 행복한 사람으로 키울 수 있을까?'를 고민하며 답을 찾고자 했다. 그렇게 30년이란 긴 시간은 미숙했던 한 아이의 엄마를 부모 교육 전문가로, 우뇌 전도사로 성장시켰다.

부모 교육 전문가로 지금까지 1,000회 이상의 부모 교육 강의와 부모 상담을 진행했다. 학습 코칭 그리고 영유아 및 성인 독서 코칭을 통해 다양한 연령층을 만났다. 아이들의 언어나 발달지연에 특별한 관심을 두고 박사과정을 공부하면서 부모 역할에 대한 답을 찾으려 30년을 달려왔다. 100년 된 산삼을 찾느라 험한 산을 마다하지 않았을 심마니처럼, 나 역시 부모 역할의 답을 찾기 위해 전국 어디라도 혼을 다해 달려갔다. 그동안 수없이 흔들리고 의심하고 돌아서기를 거듭하면서 찾은 답이 결국 '우뇌'다.

이 책은 부모 교육 전문가로서 가치와 사명을 두고 고민해온 '대한민국의 모든 아이들이 어떻게 하면 행복할 수 있을까?'라는 질문에 대한 '답'이다.

30년 동안 부모들을 만나면서 든 생각이 있다. 넘쳐나는 정보의 홍수 속에서 한없이 헷갈리고 어려운 것이 부모 역할이다. 부모가 전지전능한 신이라도 되어야 하나 싶은 생각도 들 것이다. 피곤이 누적되기도 하고, 그럼에도 열심히 달려온 부모의 길에서 기대와 다르게 성장한 아이들을 보고 충격에 빠지거나 후회하거나 절망을 안게 되기도 한다. 그래서 필요한 것이 우뇌 교육 혁명이다. 부모가 우뇌 교육을 이해하고 우뇌형 부모가 된다면 아이도 부모도 행복한 성장을 할 수 있다.

태교부터 3세까지 우뇌 발달에 문제가 생기면 타인의 감정이나 의도나 뉘앙스를 알아차리지 못하고 공감능력이 떨어지거나 문자적 해석을 고집하는 융통성 없고 고집이 센 사람이 될 수 있다. 감정 조절 능력에 문제가 되고 성인이 되더라도 내적 미숙아로 살아가게 된다.

반대로 우뇌가 잘 개발된 아이들은 밝고 긍정적이다. 이타적이며 행복지수가 높다. 당연히 공부로부터 자유롭다. 대충대충 공부하는 듯해도 성과가 높고 다양한 취미나 운동 예술에도 능하다. 독서광이면서 공부와 독서를 따로 구별하지 않는다. 치열한 노력을 하지 않는 것 같은데 시험 결과는 좋고 누구와도 경쟁하지 않는다. 계획한 것은 반드시 해내고야 마는 과제 집착력과 책임감을 갖고 있다. 30년 동안 생생한 교육현장에서 경험한 것이다.

대한민국 교육 현실의 모든 문제가 우뇌 발달을 알면 답이 훤히 보인다. 아이를 고생시킬 필요가 없다. 그래서 우뇌 발달 시기에는 학습 방법도 달라야 한다. 우뇌는 '이해'나 '분석' 능력은 없다. 이해를 시키려는 어른들의 좌뇌적 학습 방법은 우뇌 발달에 치명적이다. 물론 좌뇌 교육이 필요 없다는 것이 절대 아니다. 좌뇌, 우뇌가 발달하는 적기를 알고 그 특성에 맞는 환경을 제공하자는 것이다. 그래서 결국 전뇌가 발달된 창의적인 융합 인재로 디자인하자는 것이다.

이 책에서는 우뇌 발달에 대한 이해를 돕고자 내가 아이를 위해 좌뇌적 잣대가 아닌 우뇌 교육의 방향으로 전환한 개인적인 경험과 그 과정에서 깨달은 두뇌 발달에 대한 메커니즘 그리고 우뇌 발달을 저해하는 환경과 우뇌를 활용한 공부법에 대해 같이 나누고자 한다.

나를 지속성장하는 엄마로 살게 한 스승은 내 딸이었다. 우뇌 교육이라는 황금 열쇠를 찾도록 나를 이끈 멘토는 칼 비테, 율곡 이이, 정조, 괴테 등의 세계적인 천재들과 국내외적으로 유명한 뇌 박사님들의 책과 공부였다. 그런 책들이 나를 부모 교육 전문가로 이끌어준 마중물이 된 것처럼, 이 한 권의 책이 수십 권 아니 수백 권의 부모 교육전서를 대신해 많은 부모들이 아이의 행복 코드를 찾을 수 있는 마중물이 되기를 간절히 바란다.

두서없고 부족한 글에도 기다려주시고 모든 상황을 마음을 다해 공감해주시고 응원해 주신 대한민국 출판계의 우뇌공작소 미다스북스의 이다경 편집장님과 사장님 이하 관계자님들께 깊은 감사를 드린다. 또한 결코 쉽지 않았던 나의 운명과 여기까지 오는 내 삶 속에서 힘이 되어주신 내가 기억하는 모든 분께 영혼을 다해 고마움을 전한다.

덕분입니다! 고맙습니다! 사랑합니다!

– 2023년 11월, 세상에서 가장 아름다운 이름 '부모'를 응원하며

목차

Chapter 1.

왜 김미경의 우뇌 교육 혁명인가?

Chapter 4.

천재 뇌, 우뇌를 깨우는 6가지 방법

Chapter 5.

미숙한 엄마에서 우뇌 교육 전문가가 된 이야기

Chapter 1.

왜 김미경의
우뇌 교육 혁명인가?

RIGHT BRAIN
REVOLUTION

RIGHT BRAIN REVOLUTION

1.

지금 우리 아이들은
행복한가?

꿈은 없고 오직 공부, 공부, 공부!

4차 산업혁명이라는 말은 그저 홍보문구나 흔한 관심사가 아니라 우리 현실에 심각한 쓰나미처럼 밀려오고 있다. 앞으로 10년 후에는 지금의 모습을 찾아볼 수 없을 거라고 할 만큼 변화는 가속화하고 있는데, 2023년에도 우리 교육 현실은 20년 아니 30년 전과 별반 다르지 않다.

사립학교 입학에 떨어진 초등아이가 방문을 걸어 잠그고, 모두가 부러워 할 대한민국 최고의 대학에 입학한 학생이 자살하고, 유치원에 다니는 아이가 "세상에서 가장 공부를 좋아해요!"라는 말로 부모를 위로한다. 4~5세 아이들이 영어시험을 위해 예습을 하고, 부모들은 시험 결과에 애가 탄다. 초등학교 때부터 매년 억! 소리 나는 비용을 들여 일요일까지 과외를 시켰는데도 불구하고 두 딸이 왜 공부를 못하는지 모르겠다며 상담 내내 눈물을 보이는 엄마. 그리고 영어유치원에 가기 싫다고 물건을 던지며 우는 6세 아이와 신경전을 벌이는 엄마. 어떤 엄마는 신경과 약까지 복용하면서 아이와 사투를 벌인다. 아이의 울음소리가 아직도 귀에 쟁쟁하다.

청소년들은 더 심각하다. 꿈은 없고 오직 공부, 공부, 공부다. 상담을 하다가 다시 어려지면 무엇을 하고 싶냐고 질문하면 대부분 학생들은 공부를 더 잘해서 100점 맞고 싶다고 한다. 모든 소원을 들어준다면 어떤 소원을 말하고 싶으냐는 질문에도 공부를 잘하게 해달라고 하겠다는 답변이 많다. 공부를 못해서 자존감이 떨어진다고, 공부 못하니 자기는 쓸모없는 인간이라고 스스럼없이 표현한다. 예체능을 하고 싶지만 부모 때문에 어쩔 수 없이 공부를 한다는 학생의 손톱 주변은 핏기가 선연하다. 손톱을 물어뜯고 또 뜯으면서 고개를 숙이는 바람에 학생의 얼굴이 아닌 정수리를 보고 이야기를 해야 했다.

중고등학교에 들어가면 공부 때문에 모든 가족행사에서 빠져도 이상하지 않다. "너는 공부나 열심히 해."라는 말이 인사말처럼 익숙하다. 집에 온 손님에게 인사를 하지 않아도 감히 그 누구도 예절을 운운하며 불러 세우지 않는다. 공부는 최고의 방패가 된다. 퇴근하는 아버지마저 공부에 방해될까 숨 죽이며 들어오지 않는가!

부모로 살아가는 우리는 무엇을 준비해야 하는가?

이렇게 치열하게 공부하는 것으로 본다면 대한민국 곳곳에서 영재나 천재가 쏟아져 나와야 한다. 이렇게 목숨 걸고 열심히 공부하는데 왜 대한민국에서는 이렇다 할 노벨상 수상자가 나오지 않을까? 학생들은 왜 공부하냐는 질문에 쉽게 답을 못 하는 걸까? 왜 OECD 국가 중 청소년자살률 1위, 청소년행복지수가 최하위에 보고되고 있는 것일까?

지금 '공부'를 잘해야 미래에 행복할 거라는 신념은 진실일까? 우리가 믿는 공부에 대한 신념이 아이를 행복으로 이끌 수 있으며 4차 산업시대에 맞는 생존대안이 될 수 있을까?

매일 뉴스에서는 보고도 믿기 힘든 4차 산업시대 생존전략에 대한 보도가 쏟아진다. 우리가 지금까지 알고 있던 세상은 미래에 없을 것이다. 우리 아이들이 직업인으로 살아갈 20년, 30년 후 미래 사회가 원하는 인재로 성장하려면 지금 부모로 살아가는 우리는 무엇을 준비해야 하는 것일까?

"삶은 속도가 아니라 방향이다."

- 요한 볼프강 폰 괴테

이 책은 아이도 부모도 행복한 교육 방향에 희망이 되고자 한다.

2.

미래는 우뇌 중심 시대다

대한민국, 이제는 교육의 방향 전환이 간절한 때!

꽤 오래전 조찬 모임에서 어느 경제학 교수님께서 퀴즈를 내셨다.

"여러분, 미래 사회의 공장에는 개 한 마리와 사람 한 명이 있습니다. 사람이 왜 있을까요?"

여러 가지 이야기가 나왔지만 교수님의 답은 다음과 같았다.

"공장에 사람 한 명이 있는 이유는 개밥을 주기 위해서입니다."

질문이 이어졌다.

"그렇다면 공장의 사람들은 다 어디에 있을까요?"

갖가지의 답이 나왔다. 재테크를 하니 집에 있을 것이다. 일은 로봇이 다 할 것이니 사람들은 여가를 즐기고 놀고 있을 것이다. 답은 다음과 같았다.

"사람들은 연구실에 있습니다."

미래 사회에는 단순히 몸을 사용하는 노동이 아니라 '창의적 두뇌 노동자'가 필요하다는 의미다.

기계가 인간을 대체하는 미래에는 창의적 인재가 되기 위해 끊임없이 자기를 단련하고 자기 분야뿐만 아니라 다양한 융합 인재가 되기 위해 준비해야 한다. 『에이트』에서 이지성 작가는 인공지능 켄쇼에 대해 이야기한다. 인공기능 켄쇼에게는 휴식도 퇴근도 휴가도 필요 없었다. 24시간 동안 동일한 퀄리티의 일을 해냈다. 월스트리트에서 최고 연봉을 받는 트레이더 600명이 한 달간 해야 하는 양의 일을 3시간 반 만에 해낼 수 있는 정도다. 켄쇼가 낸 수익은 600명의 트레이더의 것보다 압도적으로 높았다.

당장은 아니라도 곧 이런 인공지능이 익숙해지는 세상이 올 것이다. 내가 10년 전에 미래지도사 전문가 과정을 공부하면서 들었던 미래 세상은 다음과 같았다.

"미래는 지금보다 더욱 더 많은 사물들이 인터넷에 연결되어 있어 이미지 센서의 거울로 얼굴을 보이기만 해도 즉시 건강 컨디션을 알 수가 있다. 가전제품이 사람의 일상을 파악해서 커피를 내리거나, 사람이 없어도 요리가 완성된다. 줄기세포기술로 치아가 재생되면서 2개월이 지나면 이가 자라나니 임플란트는 사라진다. 머릿속의 생각을 이메일로 보내는 시대가 된다. 원하는 장기를 3D프린터로 만들어 이식 가능해진다. 두뇌에 브레인 칩 임플란트를 함으로써 지식의 용량을 늘리고, 잃어버린 기억을 저장해주거나 삭제시켜주는 기억성형외과의가 유망직업이 된다.

대부분의 자동차나 비행기는 무인비행기로 전환된다. 공장보다 더 많은 산업용 로봇이 생산된다. 인간보다 똑똑한 인공지능이 대부분의 인간의 일을 대체한다."

분명한 것은 부모 세대는 아니라도 자녀 세대는 반드시 이런 세상에 가까운 세상에 살게 될 것이라는 점이다. 더욱이 미래 사회에 '로봇이 인간을 대체하는 비율'이 세계 1위인 나라인 대한민국, 이제는 교육의 방향 전환이 간절한 때다.

좌뇌 전성시대는 끝났다!

지금까지 우리의 모든 활동과 사고방식이 지나치게 좌뇌 중심으로 치우쳐 있었다. 우리 아이들은 학교에서 학원에서 그리고 과외를 받으며 밀린 숙제를 하느라 쉴 틈도 없이 바쁘다. 모두 지식을 주입하느라 여념이 없다.

미래는 지금처럼 좌뇌 교육에 최적화된 사람은 인공지능 노예로 전락할 것이라는 협박 같은 메시지가 난무한데도 여전하다. 부모마저 '사랑'

이라는 이름으로, '다 너를 위해서'라는 명분으로 시험성적을 운운한다.

그러나 앞의 교수님의 일화에서 이야기한 것처럼, 미래의 인간들은 모두 연구실에 있다. 연구실은 '연구하는 창의적 우뇌 인간'을 의미한다. 지금까지는 좌뇌형 인재가 주인 역할을 했다면, 이제는 우뇌가 주인이 되어야 생존할 수 있는 세상이다.

세계적인 차세대 미래학자 다니엘 핑크(Daniel Pink)는 그의 저서『새로운 미래가 온다(A Whole New Mind)』에서 "미래는 좌뇌 중심의 논리적 능력, 컴퓨터적 능력 등을 필요로 하는 시대에서 우뇌 중심의 창조능력, 공감 능력 등을 필요로 하는 시대로 옮겨 가게 될 것이다."라고 강조했다.

좌뇌 전성시대는 이제 끝났다. 그동안 인간의 놀라운 능력이라고 자부했던 영역의 대부분은 인공지능이 거의 신의 능력으로 인간을 대체하고 있다. 인공지능은 21세기가 낳은 새 인류다. 우리 아이들과 어깨를 나란히 하고 가야할 친구이며 파트너다. 미래 대안은 우뇌다. 두뇌를 좌뇌나 우뇌라는 이분법적 논리로 나눌 수는 없지만 적어도 두뇌의 기능이 각각 다르다는 것은 이미 상식이 된 지 오래다. 21세기 고도의 문명시대를 이룩하도록 지금까지 좌뇌가 주인 노릇 했다면 지금부터는 우뇌가 주인이 되어야 생존할 수 있다. 인간은 좌뇌 천재 인공지능과 경쟁할 수 없기 때문이다.

"한국 학생들은 하루 15시간 동안 학교와 학원에서 미래에 필요하지 않은 지식과 존재하지도 않을 직업을 위해 시간을 낭비하고 있다."라는 앨빈 토플러의 말이 틀렸다고 반박하지도 못한 채 15년이 지난 지금도 여전히 우리는 공부 지옥에 있다. 공부와 시험성적은 동일시될 수 없다. 공부는 인간이 더 인간다워질 수 있도록 끊임없이 자신을 단련하는 인생 전반에 걸친 과정이기에 좌뇌적 측정 기준인 시험성적과는 구분되어야 한다.

우뇌형 인재가 미래 인재다

어른들은 늘 '이해'라는 좌뇌의 브레이크에 걸려 무한한 우뇌 발달을 받아들이려 하지 않는다. 그저 타고났거나 유전자가 특별하거나 일종의 신화를 보듯 취급해버린다. 좌뇌는 아는 것만 이해한다. 아무리 노력해도 좌뇌형 학습습관을 갖고 있는 아이들의 성적은 뛰어나게 오르지 않는다. 우뇌는 비약하고 점핑하지만 좌뇌는 순차적이고 단순 학습에 연연해한다. 때문에 우뇌가 활성이 될 수 있는 환경을 주는 것이 우선이다. 우뇌가 발달된 사람들은 공부와 놀이의 경계선이 없이 넘나든다. 놀이가 공부며 공부가 놀이다. 즐겁다.

좌뇌 우세형인 사람은 매사에 논리를 앞세우기 때문에 상대방의 진의를 파악하는 데는 어려움을 겪을 수 있다. 우뇌는 느껴지는 감성에 호소하지만 좌뇌는 논리를 사용한다. 좌뇌는 끝까지 따지는 뇌다. 결국 말이 안 통하는 사람은 우뇌 발달에 문제가 있는 사람이다. 즉 말의 의미와 뉘앙스를 읽지 못하는 것이다. 이런 경향성은 어려서 결정이 된다. 이미 성장한 이후에는 노력한다고 해도 한계가 있고 불가능에 가깝다.

지금까지는 타인과 공감능력이 없어도 기계적인 기술능력만으로도 허용되는 좌뇌 세상이었지만 이제 그런 세상은 없고 소통하는 능력이나 공감능력이 최고의 실력이 되는 우뇌시대다. 세상이 변할 때마다 동시에 이루어지는 것이 교육 혁명이다. 교육 혁명이 없다면 변화된 세상에 적응하지 못하고 도태된다. 일본도 21세기 4차 산업이라는 새로운 세상에 맞는 교육혁신을 단행했고 2021년 수능을 폐지했다. 로봇을 가장 빨리 만든 나라였지만 인공지능 세상을 주도할 저력이 없는 원인을 극단적인 주입식 좌뇌 교육에 있다고 판단하고 발 빠른 변화를 단행한 것이다. 우리에게 시사하는 바가 매우 크다.

국가나 부모가 미래를 인식하지 못하고 여전히 당장 눈앞에 결과를 좇는 교육에서 벗어나지 못한다면 무서운 일이다. 고스란히 우리 아이들이 생존재해를 겪어야 하기 때문이다. 이제 지식을 주입하던 20세기형 좌뇌 교육은 끝났고 '공부'의 초점이 달라졌다.

20~30년 전의 부모라면 무조건 문제를 잘 풀고 정답을 빨리 찾아내는 기계적 학습의 달인으로 키워야 했다. 하지만 이제는 더 이상 그 세상은 없다. 신개념의 빅뱅 시대며 전혀 다른 역량을 가진 인간으로 재탄생해야 한다.

3.

마법의 뇌,
우뇌를 활용하라!

아는 것 이상을 가져다주는 초감각의 뇌, 우뇌!

"우뇌에는 과거에서 현재에 이르는 인류 5백만 년간의 유전자 수
준의 정보가 모두 담겨 있다. 인간이 살아가는 데 가장 중요한 본
능이나 자율신경계의 작용, 도덕, 윤리관, 나아가 우주의 법칙까지
포함하여 인류가 과거에 획득한 최적의 생존을 위한 모든 정보가
담겨 있다. 그것이 바로 우뇌이다."

– 『우뇌를 활용하는 뇌내혁명』, 하루야마 시게오

우뇌 연구의 권위자인 하루야마 시게오 박사를 비롯하여 이언 맥길크리스트 외 많은 뇌과학 전문가들은 좌뇌와 우뇌의 기능이 다르다는 것을 입증하고 있다.

『주인과 심부름꾼』의 저자 이언 맥길크리스트는 "신은 왜 우리의 뇌를 좌뇌와 우뇌로 나누었을까?"에 대한 질문에 답을 뇌 영상으로 연구한 전문가이다. 좌뇌와 우뇌의 기능이 사회에 미치는 영향을 수많은 사례를 통하여 제시하고 기능의 관계를 분석함으로써 20여 년 의학전문가로서 답을 제시했다.

이언 맥길크리스트는 우리가 이미 아는 것 이상의 것을 가져다줄 수 있는 두뇌는 우뇌뿐이며, 좌뇌는 알고 있는 것과 예상할 수 있는 것들만 취급한다고 말한다. 좌뇌는 정보를 통한 사고, 합리적인 사고를 한다면 우뇌는 경험에 의한 감정적 사고를 한다. 그에 따르면, 언어 면에서는 좌뇌가 우세하지만, 언어에 나타난 감정을 이해하고 표현하는 데서는 우뇌가 뛰어나다. 이야기에서 감정적이거나 유머러스한 부분을 이해하는 것과 감정적 언어를 기억하는 것도 우뇌가 하는 일이라고 한다. 감정을 인식할 때 의존하는 것은 우뇌인 것이다.

또한 우뇌가 발달되면 전체적인 방식으로 부분을 통합하는 것을 좋아한다. 패턴을 보고 이해하며 예감이나 육감으로 삶에 적용한다. 가끔 우뇌에 대해 말하다 보면 무슨 신비주의나 신화를 이야기하는 듯한 느낌을 받기도 한다. 설명할 수는 없지만 느껴지고 알아지는 직감이 어떤 측정 데이터보다 맞아 떨어지기 때문이다.

아이들을 유심히 지켜보면 우뇌 발달을 이해할 수 있다. 엄마가 흥얼거리는 팝송을 어렵지 않게 통으로 기억해서 따라 부른다. 그저 초감각으로 기억하고 기억된 것을 자연스럽게 이해하게 한다. 마법의 뇌다.

우뇌가 좌뇌를 이끄는 융합 인재가 진짜 인재다

그러나 이 책에서는 어느 쪽이 더 좋다는 이야기를 하려는 것이 아니다. 느리지만 합리적인 좌뇌, 즉각적이고 직관적 사고를 하는 우뇌가 적절하게 손뼉을 마주치듯 협업해야 한다. 그러려면 좌뇌와 우뇌가 모두 발달되어 있어야 하며, 특히 우뇌가 주인이 되어 있어야 한다. 왜냐하면 절대로 좌뇌가 우뇌를 이끌어 갈 수는 없기 때문이다.

좌뇌는 한 번에 하나씩 처리한다면 우뇌는 동시에 여러 가지를 병렬식으로 처리한다. 우뇌는 꿰뚫어 보는 뇌다. 부분이 아닌 전체를 보고 통찰한다. 좌뇌가 한 발 한 발 내딛을 때 우뇌는 우주선을 타고 휘익 지구를 한 바퀴 한눈에 담고 온다. 시공을 초월한다고도 할 수 있다.

때문에 어떤 것을 결정하는 최종 단계에서 직감의 뇌, 우뇌가 먼저 기능하고 그것을 좌뇌가 이성적으로 타당성과 합리성을 점검한 후 다시 전체를 통찰하는 우뇌가 결정하도록 해야 협업이 가능하다. 좌뇌가 먼저 나서서 점검하면 우뇌의 직감이 활약할 기회가 사라지기 때문이다.

좌뇌가 우뇌를 지원해주고 협력하면서 전뇌를 균형 있게 사용할 줄 아는 융합 인재로 성장하도록 방향을 잡아줘야 한다. 그러려면 우뇌 발달 시기에 적합한 환경을 우선시해야 한다.

4.

우뇌 천재로 태어나는
우리 아이를 지키자!

모든 아이들은 우뇌 천재로 태어난다

우뇌는 비논리적이지만 패턴을 만드는 역할을 한다. 즉 패턴화하고 형
상화하는 데 천재적이다. 패턴된다는 것은 자동적 사고로 이어진다는
의미다.

모든 아이들은 우뇌 천재로 태어난다. 사람이 태어나면 3세 이전에는
우뇌에 의존하며 살기 때문이다. 하지만 3세에 가까워질수록 좌뇌가 서
서히 깨어나면서 언어적 표현이 가능해진다. 말을 하게 된다는 것은 한

층 인간다워진 것이지만 그렇기 때문에 동물적 감각으로 습득하는 능력은 저하된다.

이렇게 우뇌의 시기가 지나서 좌뇌의 기능을 쓰는 시기로 넘어가면 뇌의 기능이 특정 영역에 한정된다. 이렇게 패턴화의 천재성이 사라지기 쉬운 이 시기에 대부분의 부모들이 1차원적인 좌뇌 학습을 시킨다. 아이들의 타고난 천재성이 망가지는 것이다.

일본의 유명한 영재교육 전문가 시찌다나 교육학자 피아제와 프뢰벨 그리고 교육사상가 페스탈로치도 우뇌의 직관력을 키우는 것이 매우 중요하다고 했다. 노벨생리의학상을 받은 로저 스페리 박사의 좌뇌 우뇌 이론을 살펴보자.

	1세	3세	6세	20세	50세
우뇌(잠재의식의 뇌)	100%	80%	60%	45%	20%
좌뇌(현재의식의 뇌)	0%	20%	40%	55%	80%
〈노벨생리의학상 수상자 로저 스페리 박사의 좌뇌 우뇌 이론〉					

도표에서 볼 수 있듯이 태어나서 12개월까지는 좌뇌는 0%다. 즉 제한을 두는 좌뇌 능력이 없다는 것은 무제한의 우뇌 능력이 발달한다는 것이다. 한마디로 방해꾼이 없는 유일한 시기다. 부모의 의식과 행동 그리고 주변의 모든 환경을 초고속 복사기처럼 무조건 복사하고 저장해버린다. 행복한 감정을 저장하도록 가장 많은 관심을 보여줘야 할 때가 이때다.

생후 1년 동안은 우뇌는 100%로 발달하지만 반대로 좌뇌는 0%다. 시냅스는 생후 급속히 생겨나 8개월에서 12개월 정도가 되면 두뇌가 시냅스 다발로 가득 찬다. 현재의식 즉 인간다운 행동을 하기에는 너무나 미숙한 시기다. 하지만 파충류적인 감각으로 무조건 흡수하는 천재적인 기능은 100%다. 몬테소리는 어린아이만이 가지고 있는 이러한 정신의 형태를 '흡수정신'이라고 불렀다. 무의식적 흡수정신의 시기의 아이들은 의지와는 상관없이 환경 그대로를 흡수한다. 아이들은 자신이 흡수한 것이 무엇인지 의식하지 못한 채 좋은 환경이든 나쁜 환경이든 주어진 대로 그대로 흡수해서 자기만의 세계관을 만들어버린다. 달리 표현한다면 좌뇌가 잠들어 있는 3세 이전에는 모든 경계가 사라지고 우뇌의 무한한 잠재의식의 세계가 열려 있는 것이다.

두뇌세포는 이미 아이가 태어났을 때 140억 개가 된다. 수정 후 2개월이 지나면서 1초에 1,800만 개라는 엄청난 속도로 만들어지고 12개월까지 1,000조 개의 시냅스가 생성된 후 12개월이 지나면서 하루에 200억 개의 시냅스가 사라진다고 알려져 있다.

아이 신체가 커져도 뇌세포 수는 증가하지 않고 외부자극에 의해 신경과 신경을 잇는 시냅스가 신경회로를 만들며 신경망을 구축해간다. 일생을 통틀어 생후 1년 동안 가장 빠른 신경회로망을 만든다. 이때 여러 가지 즉 시지각, 청지각, 촉지각을 통합하는 좋은 자극이 가해질수록 시냅스가 생기고 사용되지 않는 시냅스는 사라진다. 어떤 자극을 많이 받았느냐에 따라서 그 부분의 시냅스가 촘촘한 신경망을 만들며 향후 아이의 두뇌력에 영향을 미친다.

안타깝게도 이 시기에 부모들 대부분은 생리적인 욕구를 충족시켜주기에만 급급하다.

"말을 걸어도 대답도 하지 못하고 그저 잠을 자거나 우는 것이 고작인 아이들에게 무슨 특별한 능력이 있겠어?"

이런 생각은 심각한 오해다. 모든 아이는 피곤을 모르는 고도의 두뇌 노동자이며 우뇌 천재다. 이때 부모가 저지르게 되는 최악의 실수는 유아어를 사용하며 아이를 '무능력한 아기'로 취급해버린다는 것이다. 그때 아이의 뇌는 일생 중 가장 맹렬한 속도로 성장하고 있다. 천재의 자질을 만드는 유일한 시기다. 모국어를 배우는 것도 이때다. 이 시기가 지나면 어떤 언어도 이처럼 신비스러운 속도와 퀄리티로 습득하지 못한다.

이 시기에 받아들이는 정보와 자극이 한평생 살아갈 밑천이 되고 뇌의 패턴을 결정짓는다. 한마디로 일정한 시기가 되면 뇌의 성능이 결정된다는 것이다. 특히 3세가 되면 무조건적 흡수기는 지나고 언어표현이 가능해지면서 한계를 짓게 된다. 점점 아는 것만 좋아하고 받아들이려는 좌뇌가 깨어난다. 이 시기 부모가 주는 환경이 내 아이의 운명에 영향을 주게 된다.

우뇌 교육은 0세부터 시작하라

나는 사실 오랫동안 영재교육에 관심을 가지고 있었다. 자칭 노벨상의 대모라 칭하며 다양한 영재교육법을 연구해왔다. 그러면서 깨달은 것이 있다. 외부 교육시스템으로 영재 만들기가 가능한 것이었다면 대한민국은 온통 영재나 천재로 가득 찼을 것이라는 점이다. 하지만 현실은 오히려 그 반대다. 설혹 영재가 만들어진다해도 분명히 한계가 있다. 단언컨대 행복한 영재가 아니라면 위험하다.

우뇌 교육 혁명은 아이도 부모도 행복할 수 있는 유일한 길이다. 독립운동을 하던 애국 열사들의 마음이 이런 것이었을까? 교육열의 극치를 보여주는 대한민국에서 우뇌 발달에 대한 메커니즘을 이해하지 못한 부모의 열정은 매우 위험하다. 극단적인 좌뇌 교육의 틀 속으로 아이를 몰아넣을 수밖에 없는 현실이기 때문이다. 우리 교육 현실은 제한된 지식을 외우고 문제를 푸는 데 소중한 시간을 허비하고 있다. 이런 좌뇌 교육의 대상이 점점 4~5세 이하 아이들로 연령이 낮아지고 있어서 위험하다. 이런 방식의 학습은 우뇌 발달에 심각한 저해 요인이 되고 있다.

만약에 아인슈타인이나 에디슨이 한국의 극단적인 좌뇌 교육시스템에 들어왔다면 과연 천재가 될 수 있었을까? 우뇌 교육 혁명은 '행복'이 목적이다. 개인의 행복을 넘어 인류를 위해 자신의 재능과 가치를 사용할 행복한 천재를 만드는 것이다. 바로 부모의 무릎에서 말이다. 어느 때보다 부모 역할이 중요하다. 국가나 학교에서 교육 혁명이 일어나기에 그들은 너무 거대한 공룡이기 때문이다. 지금 수면 위에 보이는 교육 문제를 해결할 첫 번째 도미노는 '부모'다.

나는 '우뇌 전도사'다. 대한민국에서 이렇게 '우뇌, 우뇌' 하는 사람이 또 얼마나 있을까? 나는 30여 년간 부모 교육 현장에서 자녀양육으로 힘들어하는 많은 부모들을 만났고 부모가 힘든 것보다 더 큰 발달문제를 겪게 되는 아이들도 수없이 만나왔다. 행복한 영재로 키운 부모들이나 자녀문제로 어려움을 겪는 부모들 중심에 '우뇌 발달 시기를 몰랐다'는 공통점이 있었다. 그 시기에 제공된 양육법이 행복한 영재를 만들 것인지, 공부지옥에 갇힌 불행한 아이로 전락시킬 것인지를 결정하게 된다.

나 또한 그 시기에 내 아이에게 무지한 엄마였고 그로 인해 나도 아이도 힘든 시기를 보내야 했다. 이미 결정적 발달 시기는 지나고 있었지만 인식하게 된 그 순간이 제일 빠른 시기라고 마음을 다잡았다. 여러 가지 방법을 찾아 아이에게 집중했다. 그렇게 10년은 그저 내 아이를 행복하게 해주는 부모 역할에 집중하며 부모 교육 전문가로 준비하느라 지나갔다. 이후 10년은 부모와 자녀 사이에 일어날 모든 문제를 해결할 단 하나의 열쇠가 '우뇌'라는 것을 확신하게 되었다. 그리고 또 그다음 10년간은 대한민국을 살릴 유일한 대안이 '우뇌 교육'이라고 광적으로 외치고 있다. 부모가 우뇌 발달에 대해 조금만 알아도 아이가 알아서 큰다는 말이 어떤 의미인지를 알게 될 것이다. 놀라운 아이들의 능력을 발견하게 될 것이다.

우뇌 교육은 0세부터 시작되므로, 오직 부모와 주어진 환경이 최고의 선생이라고 할 수 있다. 이 시기는 천재적인 패턴 인식 능력으로 어떤 환경이든 경계 없이 흡수한다. 혹여 우뇌 교육을 단순한 영재교육으로 기대하거나 오해하지 않기를 바란다. 1차원적인 영재교육을 말하는 것이 결코 아니다. 행복한 우뇌가 발달되면 아이들은 스스로 그 이상의 능력을 발휘할 수 있다.

인공지능 IQ 1만의 시대! 20년 뒤엔 인류 전체를 합한 것보다 더 강력한 인공지능이 출현할 것이다. 지금껏 인류가 한 번도 경험하지 못했던 영화 같은 세상이 온다. 이제 인간이 더 인간다워야 경쟁력이 생길 것이다. 어느 때보다 감정의 뇌, 창의력의 뇌, 통찰과 통합의 뇌인 우뇌를 살린 융합 인재가 필요하다.

페스탈로치가 극찬한
교육자 칼 비테의
고차원 우뇌 교육 환경

칼 비테 주니어(Jr. Karl Witte)

− 19세기 독일의 유명한 천재

인류 문명을 발달시킨 핵심 인재들은 모두 우뇌형 천재였다. 그들은 시대를 불문하고 전략적으로 준비된 고차원 영재 학습 환경에서 자랐다.

19세기 독일의 유명한 천재 칼 비테 주니어는 3세 무렵 독일어를 깨치고, 8세에 6개 언어를 자유롭게 구사했다고 한다. 또한 그는 최연소 철학박사 학위 수여자로서 기네스북에 올라가 있다. 9세에 라이프치히대학 입학 자격을, 13세에 기센대학에서 철학박사 학위를, 16세에는 하이델베르크대학에서 법학박사 학위를 취득했다. 그는 대학 교수로서, 법률가로서 활동하며 80세가 넘게 살며 장수했다.

이런 천재 뒤에는 아버지 칼 비테가 있었다. 칼 비테는 미숙아로 태어난 아들을 천재로 키웠던 교육학자다. 칼 비테는 인간은 요람에서부터의 교육이 중요하다고 믿었고, 교육 환경에 따라 평범한 아이도 얼마든지 천재가 될 수 있다고 주장했다. 1800년대 이러한 교육관은 엄청난 저항과 비난을 받았지만 그는 고차원적인 학습 환경을 만들어주는 데 집중했다. 근대교육의 아버지인 페스탈로치는 칼 비테의 교육을 극찬했다고 한다.

특히 칼 비테는 독서교육에 열정적이었다. 태어난 지 15일 된 아들에게 위대한 시인들의 시를 읽어주었다. 아들 생후 42일부터는 고전『아이네이스』를 읽어주었고 주니어는 3세 때『아이네이스』의 서두를

암송할 수 있었다. 8세부터는 혼자 그리스 로마 고전을 원전으로 읽었다. 칼 비테 주니어가 천재로 남을 수 있었던 까닭은, 그의 아버지가 잠재의식의 무한한 능력을 믿었기 때문이다.

천재들의 사례를 보면 이러한 경우가 굉장히 많다. 그러나 아직도 우리 현실은 어린아이들에게 고차원의 환경을 주는 것을 과한 욕망이라고 치부해버린다. 200년 전 칼 비테 주니어에게 주어졌던 '환경'을 지금 우리 아이들에게 그대로 주라고 한다면 받아들일 수 있는 부모들이 얼마나 있을까? 당장에 이렇게 말할 것이다.

"저렇게 어려운 것을 아이가 이해한다구요? 저건 특별한 천재나 할 수 있겠죠!"

좌뇌적 통념에서 저항할 것이다. 칼 비테가 '다른 교육'을 선언했을 때 칼 비테의 많은 친구들이 저항했던 것처럼 말이다. 칼 비테 이론은 간단하다. 특별한 아이여서 특별한 교육이 가능한 것이 아니라 특별한 교육 환경이 특별한 아이를 만든다는 것이다. 21세기야말로 이런 고차원적인 학습이 필요한 시대다.

Chapter 2.

우뇌 발달 황금기, 5가지 훼방꾼을 차단하라!

RIGHT BRAIN REVOLUTION

RIGHT BRAIN REVOLUTION

1.
_____

뇌 발달의 적기를 사수하라

인간의 뇌에도 다 순서가 있다

인간의 뇌는 3층 구조로 되어 있다. 각각의 층에는 주요 기능이 있다. 1층은 파충류의 뇌다. 호흡, 심장박동 등 생명 유지에 대한 일을 관장하는 아주 중요한 뇌다. 2층은 포유류의 뇌다. 여기에 포함되어 있는 대뇌변연계는 기쁨, 슬픔, 분노 등의 감정 기능을 담당하고 있어 감정의 뇌라고 부른다. 3층은 인간의 뇌다. 대뇌피질부가 있으며 사고와 언어, 인간성, 창조력 등을 담당한다.

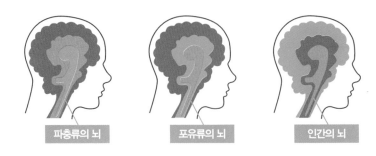

파충류의 뇌   포유류의 뇌   인간의 뇌

이 3층 구조의 발달 순서에는 중요한 의미가 있다. 아이가 기는 단계를

거쳐 서다가 걷게 되듯이, 뇌 기능도 마찬가지다. 1층의 뇌가 엄마 배 속

에서부터 발달한다면, 2층부터의 뇌는 유아기는 물론 거의 20대까지 발

달한다. 신체가 발달한다고 해도 아이들이 울고 웃고 화내고 짜증을 내

며 감정 조절에 미숙하고, 사고의 폭이나 깊이가 어른에 미치지 못하는

것은 모두 이 때문이다. 이런 과정을 거치며 감정의 뇌는 발달한다.

똑똑한 뇌는 모든 뇌가 고루 발달한 '건강한 뇌'다!

사고를 담당하는 좌뇌와 3층의 뇌, 감정을 담당하는 우뇌와 2층의 뇌

를 겹쳐 보면 어떨까?

출처 : 〈다큐S프라임〉 https://www.youtube.com/watch?v=y7b2ddHScZA

인간의 뇌 발달은 만 3세에 성인의 70%, 만 6세에 90%, 만 17세에 95% 성장한다고 한다. 대뇌피질이 있는 3층의 뇌가 6세 이후부터 본격적으로 성장하기 시작해 20세 이후는 물론 50세까지 발달할 수 있다는 연구결과가 있는 것과는 달리, 2층의 뇌에 속한 대뇌변연계는 사춘기가 되면 발달을 거의 마친다.

꼭 이런 과학적인 근거를 들지 않더라도 생각해보면 알 수 있는 사실이다. 감정의 뇌가 충분히 충족되지 않은 상태에서 3층 뇌에 학습을 가중시키면 제대로 받아들일 수 없을 것이다. 감정 조절이 안 되거나 안정이 되지 않은 아이들에게 학습이 무슨 소용이 있겠는가? 아이가 학습이 안 되고 이해력에 문제가 있거나 주의집중력이 없다면, 2층 감정의 뇌를 먼저 다스려 줘야 한다. 2층이 무너져 내리는데 3층이 어떻게 온전하겠는가? 아주 중요한 문제다.

6세 이전의 우뇌와 2층의 뇌, 즉 감정의 뇌 발달이 두뇌 발달에 아주 중요한 영역을 차지한다는 것이다. 두뇌 발달에 대한 중요성을 말하면 단순히 머리가 좋고 나쁨, 또는 공부와 연관시키는 사람들도 많다. 그러나 이 책에서 이야기하는 뇌 발달은 그런 단순한 차원이 아니다. 감정, 마음, 본성의 문제다. '머리만 좋으면 뭐해? 인간성이 좋아야지!'라는 말은 틀린 말이다.

머리 좋은 것 = 공부 = 시험성적

이 생각을 버려야 한다. 진짜 머리가 좋은 사람은 1층부터 3층까지의 두뇌가 안전하게 잘 발달한 사람이며 좌뇌와 우뇌가 균형적으로 발달한 사람이다. 결국 가장 인간적인 사람을 말하는 것이다. 생명을 관장하는 1층 뇌에서 인간적이고 창조적인 3층 뇌로 진화하기 위해서는 반드시 2층 뇌, 감정의 뇌를 거쳐야 한다. 그래서 이때 뇌 발달에 유해한 환경을 주지 않는 부모의 결단과 지혜가 중요하다. 부모의 무조건적 허용이나 방임, 혹은 너무 엄격한 통제, 기타 유해환경이 아이의 뇌 성장을 방해한다.

건강한 뇌가 없다면 건강한 신체도 행복한 삶도 없다. 건강한 두뇌를 위해서는 유해환경에 노출시키지 않는 것이 우선이다. 특히 우뇌 발달 시기에 유해환경은 돌이키기 힘든 결과를 가져올 수 있다. 앞에서 말했듯 3세가 지나 6세가 되면 우뇌 발달이 80%에서 60%로 줄어들면서 좌뇌 기능 발달로 넘어간다. 때문에 3세 이전 우뇌가 발달하는 결정적 시기에 부모의 역할이 중요하다.

2.

전동 모빌 :
기계와 상호작용하게 하지 마라

아기가 태어나면 가장 먼저 챙기게 되는 것이 모빌이다. 모빌이 움직
이면 시각적인 자극으로 눈의 초점을 강화시키고 시신경이 발달한다. 문
제는 모빌을 매다는 위치가 전등 빛이 쏟아져 내리는 곳이라는 점이다.
과도한 빛 자극은 신생아들의 우뇌 발달을 방해한다.

보통 모빌을 볼 정도의 아기들은 아직 시력이 발달하지 않았기 때문에
흑백 모빌을 선호하고는 하는데, 전문가들은 사실 크게 상관은 없다고
말한다. 이미 온 세상이 천연색인데 굳이 흑백 모빌을 고집할 필요가 없
는 것이다. 사실 모빌이 육아 필수품이 된 지는 오래 되지 않았다. 흑백

모빌이 아니어도, 심지어 모빌이 없어도 우리 아이 발달에 문제는 없으니 너무 크게 생각하지 말자.

그래도 모빌을 해주고 싶다면, 옆에 가서 모빌을 건드려주며 아기와 상호작용해야 한다. 그런데 안타깝게도 대부분 전동 모빌을 선호한다. 자동회전 버튼을 눌러놓고 자리를 비우는 것이다. 밀린 집안일을 하거나 스마트폰을 보게 되는 경우가 많다. 그러나 아이의 입장에서 생각해보자. 모빌이 돌아갈 때마다 엄마가 사라진다면 어떻겠는가?

전동 모빌이 돌아가는 동안 아이는 일방적으로 반응하게 된다. 전동 모빌이 상호작용을 해주지는 않기 때문이다. 그러나 아이의 작은 움직임에도 적절한 호응을 해주는 상호작용은 아이의 발달에 아주 중요하다. 더군다나 전동 모빌의 자동 기능은 회전하는 속도나 방향이 일정하기 때문에 그 속도와 일정한 감각이 아닌 다른 소리나 움직임에 둔감해질 수도 있다. 태교 때 들었던 음악을 틀어놓고, 부모가 아기 곁에서 모빌을 움직여 주며 상호작용 해야 한다.

"전동 모빌 덕분에 머리 감았어요."
"모빌 덕분에 제 시간 좀 가졌습니다."

"○○ 모빌이 제 아이 보모예요!"

　이렇게 만족하는 부모들이 많아질수록 우리 아이들의 뇌 발달에는 적신호다. 최고의 모빌은 부모의 눈동자와 말할 때 움직이는 표정과 입술이다. 아기에게 모빌이 필요한 시기는 뇌가 가장 발달하는 민감기다. 편리한 도구에 내 아이가 익숙해질수록 우뇌 발달은 멀어진다.

3.

공갈 젖꼭지 :

아이의 감정과 필요에 집중하라

공갈 젖꼭지, 줘야 할까? 주지 말아야 할까? 언제부턴가 아이용품의
필수품이 되었었던 공갈 젖꼭지의 필요성이 가라앉고 있다. 물론 장점도
있고 단점도 있겠지만, 하지만 나는 장점이 10가지이고 단점이 1가지라
고 하더라도 하지 않기를 권한다.

다양한 육아용품이 생기며 육아가 더 편해진다고는 말할 수는 있겠지
만, 오히려 각종 편리한 육아용품의 홍수 시대로 갈수록 아이들의 발달
문제는 점점 많아지고 있다.

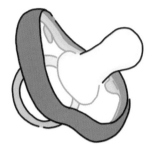

공갈 젖꼭지, 아이의 발달을 구속한다!

생후 아기는 빨기 반사, 수영 반사, 모로 반사, 잡기 반사 등 40여 개의 반사기능을 가지고 있다. 공갈 젖꼭지는 그중 빨기 반사를 충족시켜 준다는 기능이 있다. 하지만 공갈 젖꼭지가 없다고 빨기 반사 충족이 결핍되는 것은 결코 아니다. 오히려 공갈 젖꼭지를 물려주다 보면 잠잘 때는 물론 깨어 있을 때, 외출 시에도, 아기들 입에 계속 공갈 젖꼭지를 물려주게 되는 데서 문제가 생긴다.

시작할 때는 '잠깐 해야지.' 하겠지만 마음대로 되지 않을 것이다. 커피 마시며 엄마와 친구들이 수다를 떠는 동안, 엄마가 집안일에 집중하는 동안 내내 아이는 공갈 젖꼭지에 의존한 채 소음 속에 방치된다. 우뇌 전도사로서 속이 상하는 순간들이다. 우뇌가 발달하는 시기에 아이들이 노출되는 환경은 단순히 편리와 불편을 넘어, 뇌 발달과 관련하여 깊은 의미를 갖기 때문이다.

아이 입에 공갈 젖꼭지가 물려 있는 동안 아기의 입 속이 훤히 보인다. 공갈 젖꼭지가 물려 있는 동안 혀는 아랫니 안쪽에 고정될 것이고 당연히 침을 삼키는 것이 어려워진다. 연하 반사, 즉 삼키는 반사가 잘 안 될 것이다. 침이 삼켜지려면 혀가 윗니 안쪽으로 이동해야 하는데 계속 공갈 젖꼭지를 입에 놓고 있게 되면 그럴 수 없다. 지금 혀를 아랫니 안쪽으로 하고 침을 삼켜보라. 그것이 매우 어렵다는 것을 알게 될 것이다.

또한 아기의 신체 부위 중에서 촉감이 가장 발달된 부위는 혀와 입술이다. 아이가 조금만 보채도 습관처럼 공갈 젖꼭지를 물리는 어른인 엄마의 손 힘이 아이에게 어떤 느낌을 줄까? 어른들도 누군가가 입에 넣어줄 때 힘으로 조금이라도 압을 느끼게 된다면 즉시 불쾌해지는데 말이다. 더군다나 아이의 입술과 혀는 매우 부드럽고 약하다.

생후 18개월 동안 중요한 감각은 구강을 통해서 발달한다. 아주 중요한 부위다. 때문에 장시간, 혹은 습관적으로 공갈 젖꼭지를 물리는 것은 아이의 가능성을 제한하고 발달 문제를 초래할 수 있다.

　이뿐 아니라 혀가 입안에서 자유롭게 움직일 공간이 충분해야 혀 근육이 발달할 수 있다.

　혀 근육이 발달하지 못하면 언어발달에 치명적이다. 아이 앞에서 입을 움직여 말을 해주면 아이는 반사적으로 옹알이 시도를 한다. 옹알이의 1단계가 이것이다.

　그래서 가능하면 아이가 입을 움직이고 입안에 공간을 느끼며 혀 근육을 많이 움직일 수 있어야 한다. 공갈 젖꼭지가 많은 시간 입 안에 있다 보면 혀는 제 위치를 찾을 수 없고 외부 반응에도 입 주변 근육을 사용할 수 없다.

　혀 근육이 제대로 발달해야 나중에 딱딱한 음식을 씹거나 분명한 발음으로 목소리를 낼 수 있다. 해를 거듭할수록 언어 발달에 문제가 생기는 아이들이 심각하게 늘어나고 있다. 언어에 어려움을 겪고 있는 많은 아이들을 체크하다 보면 우연처럼 그 아이들의 중심에 공갈 젖꼭지가 있다. 나날이 급증하는 언어 지연이 결코 이와 무관하지 않음을 부정할 수 없다.

또한 이 시기의 아이는 모든 것을 입으로 가져간다. 입을 통해 얻은 물체의 모양은 물론 질감 크기 등 정보를 뇌로 전달해서 시각적으로 재구성하며 인지한다. 그래서 입에 넣게 되는 다양한 물건들로 아기들은 주변 사물을 탐색하고 알아간다. 그런데 공갈 젖꼭지가 입안에 있으면 당연히 그럴 수 없다.

그렇다면 수면에는 과연 정말 도움이 될까? 아기가 자다가 깼을 때 공갈 젖꼭지를 물려주면 즉시 울음을 그치고 잠이 들기도 한다. 하지만 이 시기의 아이는 자다가 깨기도 하고 울며 보채기도 하면서 스스로 깊은 잠에 빠져드는 훈련을 하며 조절 능력을 강화한다. 하지만 공갈 젖꼭지는 그럴 틈을 주지 않는다. 장기적으로 봤을 때는 오히려 깊은 잠이 힘들어지고 자주 깨게 되어 계속해서 공갈 젖꼭지를 물려 줘야 하는 악순환을 만들기도 한다.

이 외에도 최근에는 공갈 젖꼭지를 오래 하면 중이염이 생길 수 있고 치아에 문제가 된다는 이야기도 많다. 하지만 그 정도는 빙산의 일각이다. 이렇게 발달, 건강 등에 보이는 부작용보다 정서적 부작용이 더 크다. 공갈 젖꼭지를 하지 않고 있다면 아이는 외부 자극에 즉시 입을 오물

거리거나 소리를 내려고 하겠지만 공갈 젖꼭지가 입을 막고 있다면 점점 외부 신호에 무감각해질 것이다. 그리고 공갈 젖꼭지라는 감각에 의존하고 과만족하게 되면 다른 자극에는 관심이 줄어들 수밖에 없다. 의존도가 높아지면 끊어야 하는 시기에 전쟁을 치러야 한다. 공갈 젖꼭지를 억지로 떼고 나면 오히려 손가락을 빠는 문제 행동이 생기는 경우도 있다.

잠시도 쓰지 마라!

"그래도 아이가 보챌 때 잠시만 사용하면 안 될까요?"
"하지 마세요, 아이에게 '적당'이란 없습니다."

나는 산모교실에서 공갈 젖꼭지를 사지 말라고 권한다. 공갈 젖꼭지가 보모 역할을 하는 동안 그 옆에서 스마트폰이나 다른 일에 열중인 부모들을 너무나 많이 보기 때문이다. 꼭 그렇게까지 해야 하나? 다들 쓰는데? 요즘 트렌드인데? 반대로 질문해본다. 공갈 젖꼭지를 꼭 해야 하는 이유는 뭘까? 아이 발달에 큰 도움은 없고 오히려 방해가 된다. 결국 부모가 좀 편한 것뿐이다.

아이가 보채고 까다롭게 할 때는 분명히 이유가 있다. 공갈 젖꼭지를 물리면 금세 얌전해지기도 한다. 하지만 정말 아이가 원하던 것이 공갈 젖꼭지였을까? "엄마, 저 여기 있어요. 저를 좀 봐 주세요!"라고 신호를 보내는 아이에게 엄마가 공갈 젖꼭지를 넣어 주기만 한다면 아이는 어떤 감정을 느낄까?

공갈 젖꼭지라는 달콤한 유혹을 잘 극복하기를 바란다. 공갈 젖꼭지 자체보다, 공갈 젖꼭지에 의존하게 만드는 부모에 대해 아이가 어떤 감정을 가지게 될지 생각해보기를 바란다. 짧은 시기에 형성된 감정은 무의식의 뇌, 우뇌에 저장될 것이다.

4.

보행기 :
너무 쉽게 걷도록 하지 마라

사랑과 편리라는 이유로 돕지 마라!

보행기는 아이의 보행에 도움이 될 것이라 생각하고 많이 태운다. 그러나 보행기는 기대와는 달리 보행에 전혀 도움이 되지 않는다. 오히려 보행기를 타는 아이들은 균형감각이나 몸통의 충분한 힘을 기르지 못한다. 보행기를 빨리 태우면 골반 근육 발달에 문제가 생겨 대소변 가리기도 어려워질 수 있다.

그림: 하서예

바퀴의 유용성 때문에 아이가 잘 걷는 것처럼 보이지만, 정작 아이 자신은 자기 팔다리가 움직이는 것을 볼 수 없기 때문에 근육을 조절하는 힘이나 위험에 대한 지각 능력도 떨어지게 된다. 시야가 좁아지기 때문에 인지 발달에도 문제가 생긴다. 아이들의 신체 발달은 곧 두뇌 발달과 직결되기 때문에 보행기를 많이 태운다는 것은 신체 발달 기회를 빼앗게 되는 결과가 되며 보행기는 신체불균형을 초래한다.

미국소아과학회에서는 보행기를 사용하지 말 것을 강력히 촉구한다. 캐나다에서는 보행기 판매가 금지되었고 심지어는 중고상품도 판매하지 못하도록 하고 있다. 하지만 우리나라에서는 보행기뿐만 아니라 유사한 도구들이 너무나 많아지고 있다. 육아의 편리를 위해 부모들은 별다른 의심없이 사용하고 있다.

무엇보다 보행기를 타는 아이들은 기어가기나 혼자 일어서거나 걷기 등을 자신의 힘으로 이루어내지 않거나 생략하는 경우가 많다. 인간의 신체발달은 반드시 스스로 넘어지고 실패하면서 해내야 한다. 발달단계에서 아이가 쉽게 지나가도록 돕는다면 독립적인 발달이 불가능하다. 특별한 이유없이 발달에 어려움을 겪고 있는 아이들을 유심히 들여다보면 그 중심에 사랑이라는 이유로 아이에게 편리한 도구를 많이 주고 있는 경우가 있다.

기는 단계는 발달에 큰 영향을 미친다

늦게까지 말이 트이지 않는 아이의 어머니에게 "이 아이는 기어다니는 과정이 없었지요?"라고 물으면 거의 그렇다고 대답한다. 올바른 보행과 말의 사용 능력과는 묘한 상관관계가 있다. 즉, 기어다니는 활동과 뇌의 발달이 서로 연관되어 있어서, 기어다니는 과정이 없으면 언어와 관련된 부분의 뇌 발달이 미숙해져서 말이 나오지 않게 되는 것이다.

『잠자는 아이의 두뇌를 깨워라』에서는 "대체로 갓난아기는 1세가 되기까지 4단계를 거친다."라고 소개한다. 이를 3층 뇌 구조로 설명하면 다음과 같이 된다. 누워서 손발만 버둥거리다가 엎으려 배밀이를 하는 생후 3개월~5개월까지는 1층 뇌가 발달한다. 기어다니는 생후 10개월까지는 2층 뇌에 속한 중뇌가 발달한다. 그리고 잡고 걷는 생후 1년 정도에는 3층 뇌에 속한 대뇌 피질이 발달한다. 때문에 기는 단계를 생략하면 2층 뇌의 발달부터 충분히 되지 못하고, 그러므로 아이가 말을 할 시기가 되면 말을 잘 하지 못하는 결과가 나타난다는 것이다.

특히 보행기를 태우는 시기는 감정의 뇌가 가장 발달하는 시기다. 〈채널예스〉의 기사에 따르면 『두뇌 성격이 아이 인생을 결정한다』의 저자 김영훈은 특강에서 이에 대한 이야기를 했다. 사고력 등을 담당하는 전두엽이 발달하기 전에 시행착오를 많이 해야 한다는 것이다. 사람이 걷기 위해서는 평균 1,000번을 넘어진다고 한다. 그런데 보행기를 타는 아이는 그 1,000번의 시행착오를 겪지 않고 큰다. 김영훈 교수는 "따라서 부모의 역할은 아이가 시행착오를 하지 않도록 하는 것이 아니라 시행착오를 두려워하지 않게 해야 한다."라고 한다. 시행착오를 많이 하는 아이에게 두뇌 자극이 더 많이 된다고 한다. 더구나 걷기 위한 이 1,000번의 시행착오를 거치며 아이는 부모가 아군이라는 것을 느끼면서 감정의 뇌를 발달시킨다.

이렇듯 아기에게 기는 단계는 2층 뇌 변연계 발달에 매우 중요하다. 아무리 급해도 애벌레가 고치가 되어 가는 과정을 생략하거나 방해하지 않는 것처럼, 이는 자연의 순리다. 최첨단의 21세기를 살아도 인간의 아기는 엎드리고, 기다가, 서고, 걸어야 한다. 자연은 편리를 추구하느라 순리를 역행하지 않는다.

아이의 발달이 늦다면 기는 것부터 다시 시키자. 산만한 아이라면 기어다니는 놀이를 통해서 중뇌를 충분히 자극해보자. 엄마도 아빠도 무릎 보호대를 해서라도 기어다니는 놀이로 아이와 함께 해주자. 2층 뇌 감정의 왕국을 먼저 평정시켜야 한다. 충분히 기지 않았다면 기지 않은 만큼 무조건 손해다.

요즘 아이들은 보행기에서 유모차로, 유모차에서 자동차로 옮겨다니기에 충분히 기고 걷고 뛸 수 있는 환경이 부족하다. 걷기 시작하면 충분히 걷고 또 걷게 하자. 제2의 심장인 다리를 충분히 움직이는 운동은 두뇌에 산소공급을 용이하게 하며 결국 두뇌 발달을 촉진시켜 건강한 생각과 건강한 마음을 만든다. 오죽하면 천재들은 걷기를 좋아한다는 말이 있을 정도로 신체활동은 매우 중요하다.

나는 교육현장에서 발달 문제로 고민과 어려움을 겪는 부모들을 많이 만났다. 보행기, 절대로 사지도 말라. 부모가 편하기 위한 육아용품이 많아질수록 우리 아이들의 뇌 발달은 위험하다. 육아용 편리 기구들은 아이의 수고를 덜어주는 고마운 도구가 절대 아니다. 부모가 좀 더 쉬운 육아를 하고 싶은 욕망의 산물이다.

현명한 부모는 아이를 보면서 이렇게 고민한다.

"아! 어떻게 하면 사랑하는 내 아이를 불편하게 키워볼까?"

5.

바퀴 달린 자동차 장난감 :
과도한 자극은 위험하다

자동차 장난감에 집착하는 아이, 왜일까?

대부분 자동차 장난감을 갖고 놀면 오랜 시간 집중하게 된다. 혼자서 잘 놀기 때문에 자연스럽게 방치하게 된다. 가끔 부모 교육에서 아이가 자동차 장난감 외에 다른 것에는 관심을 갖지 않고 하루 종일 자동차나 자동차가 나오는 책 외에는 흥미가 없다고 걱정을 한다. 더군다나 아이가 좋아하니까 계속 사주게 되고 어디를 가도 자동차에 집착하게 되니 또 자동차를 사달라고 조르는 경우가 많다. 이래저래 자동차 장난감이 수십 개가 된다.

바퀴 달린 자동차 장난감은 빠르다. 어른의 눈조차 쫓아가기 힘들 정도로 빠른 순간 속도를 낸다. 단순하고 반복적으로 속도감 있게 돌아가는 바퀴는 강력한 자극제다. 이러한 과도한 속도감에 집중하고 익숙해지기 시작하면 집착에서 빠져나오기 쉽지 않다.

24개월, 베르니케 중추 즉 듣기 중추가 발달하는 시기에 과도한 속도에 노출된 아이는 듣기에 대한 민감성이 저하되어 주변의 소리에 둔감해진다. 흡사 스마트폰을 보고 시각적 자극이 과하면 주변 소리를 잘 듣지 못하는 현상과 같다. 결국 사람의 말에 민감하게 반응하거나 이해하는 능력이 부족해진다. 급기야 언어 능력이나 감정 조절 능력에 문제가 될 수도 있다.

역시 우뇌 발달에 저해요인이 되고, 이런 노출이 심각한 아이들을 유심히 보면 감정 조절이 어렵다는 것을 쉽게 볼 수 있다. 자동차 장난감 자체가 나빠서가 아니다. 언어가 잘 발달한 뒤에는 줘도 되지만 시기가 적절하지 않기 때문이다. 자동차 장난감과 애착이 생기지 않도록 24개월 이전에는 금물이다.

빠른 속도에 몰입하게 두지 마라

특히 아이가 아들임을 알게 되는 순간부터 자동차 장난감을 사들이는 아빠가 있다. 흔히 남자 아이들의 선물로 자동차 장난감을 많이 사주기도 한다. 남아들은 선천적으로 청각보다는 시각적으로 발달되어 있다. 그래서 듣기 중추가 발달하는 24개월 이전에 자동차와 애착이 되면 떼기가 정말 힘들다. 그런 환경에 노출시키지 않는 것이 최선이다. 같은 맥락으로, 버튼을 누르면 자동으로 움직이는 전동 장난감이나 빠른 속도로 움직이는 기차 장난감도 주의해야 한다.

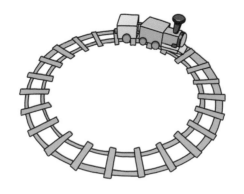

아이들의 놀이는 그저 심심풀이로 끝나지 않는다. 두뇌 발달과 이어져 있기 때문에 부모라면 아이가 어떤 놀이를 하는지를 관찰해야 한다. 아이가 좋아한다고 무책임하게 허용해선 안 된다. 통제할 용기가 있는 부모가 내 아이를 지킬 수 있다.

놀이는 아이의 성격과 지능 그리고 발달단계에서 결정적 영향을 주기 때문에 부모의 관리감독이 필요하다.

6.

부모의 무표정 :
무표정은 아이에게
심각한 폭력이다

아이의 '우뇌'를 발달시키는 비밀병기,
부모의 풍부한 표정과 다정한 말투!

　무표정은 어른들에게도 무서운 '인상폭력'이다. 어른들은 이미 자아가
발달되어 있기 때문에 무시나 조정이 가능하지만 온전히 감각으로 세상
을 배워나가야 하는 아기에게 엄마의 무표정은 '단절'과 '거절'을 뜻한다.
최악의 '폭력'이다. 아기는 무표정한 양육자의 표정에서 무엇을 배우게
될까? 앞으로 살아갈 세상에 대해 어떤 결정을 하게 될까? 더욱 심각한
것은 무표정한 엄마에게서 아기는 어떤 것도 알아차릴 수가 없게 된다는

점이다. 우뇌의 직감 능력을 저하시킨다.

나는 부모 상담 시 부모의 표정을 유심히 관찰한다. 특히 아이의 발달에 문제가 있는 경우는 더욱 그렇다. 많은 사례를 통해 알게 된 것은 부모가 영유아기에 풍부한 표정과 반응으로 아기의 신호에 어떻게 대처했는지가 발달 정도에 영향을 미친다는 것이다. 아이는 말을 분석해서 인지하는 것이 아니라 말소리와 톤 그리고 표정을 통해서 의미를 읽어 내는데, 무표정은 아기에게는 풀 수 없는 암호일 뿐이다. 그래서 부모 강의에서는 '보이스 코칭' 주제를 따로 두고 아기의 신호에 적절하게 반응해주는 표정과 목소리가 얼마나 아이 정서와 언어 발달에 중요한지를 강조하고 또 강조한다.

부모의 풍부한 표정과 다정한 말투는 아이의 '우뇌'를 발달시키는 비밀병기다. 평생을 어떤 감정으로 살 것인가를 결정하는 데 중요한 역할을 한다. 손가락의 지문이 태내에서부터 만들어져 평생 같은 모양을 유지하듯 영유아기에 고착되는 감정의 지문도 매우 중요하다.

무표정은 공포를 부른다!

어떤 말을 하더라도 무표정으로 일관해버린다면 어른일지라도 자존감이 참혹하게 무너지고 분노를 느끼게 될 것이다. 하물며 이제 태어나 자기를 표현할 언어적 수단도 없어 오직 울음과 몸짓으로 신호를 보내는 아기가 그런 환경에서 자란다면 어떻게 될까? 자존감은 낮아질 것이고, 사람의 감정을 잘 읽어내지 못하게 될 확률이 높다.

우리는 무표정이 얼마나 긴장과 두려움을 유발하는지 알고 있다. 무서운 영화에서도 무표정의 캐릭터가 잔혹한 주인공으로 묘사되는 경우가 많다. 무표정한 사람을 보고 있으면 때로 공포가 느껴진다. 나는 강단에 설 때마다 제일 먼저 청중들의 표정을 쓰윽 훑는다. 청중들이 들을 자세가 되어 있지 않다면 아무리 좋은 내용일지라도 허사가 되기 때문이다. 청중들의 표정이나 태도로 그날 청중의 반응 온도를 체감한다. 강사에게도 가장 어려운 대상은 '무표정'하게 앉아 있는 사람이다. 차라리 불량한 태도의 사람의 저항의 팔짱을 푸는 것은 그리 어렵지 않다. 하지만 무표정한 사람은 거대한 석상이다. 웬만한 기술로는 끄덕도 하지 않는다. 무표정은 그 사람의 마음을 가늠하기가 불가능하다. 경력 있는 강사에게도 시종일관 무표정으로 쳐다보는 청중은 '공포'다.

더군다나 요즘 아이들에게는 최근 사회 자체가 심각한 환경이었다. 마스크 착용, 손 소독, 거리 두기 등 국민 개개인의 방역 수칙 준수 필요성이 강조되었던 상황에서 우리는 돌도 되지 않은 어린 아기들의 입에 마스크를 씌워야 했다. 그 코로나 3년은 '대참사'였다. 표정이나 입 모양을 보지 못하기에 아이들이 특히 '화용언어'를 배우기에 최악의 상황이었다. 무서운 것은 사람의 말 속에 담겨진 진심, 뉘앙스를 읽는 능력이 매우 우려된다는 것이다.

우리는 말을 정중하게 한다 해도 표정과 태도, 목소리 등 비언어로 전달되는 진심을 알아차릴 수 있다. 특히 우뇌가 발달된 사람들은 '척' 하면 안다. 때문에 우뇌가 100%에 가깝게 발달해 있는 어린 아이들일수록 더 빠르게 알아차린다. 어른들은 당해내지 못할 초능력으로 읽어버린다. 그래서 아이들에게는 특히 표정이 중요하다.

무표정은 어른, 아이를 막론하고 우뇌와 마음을 망치는 가장 빠른 독이다. 아이를 보고 자주 웃어보자. 다양한 표정과 목소리 톤, 눈빛으로

우뇌를 자극해주자. 부모의 밝은 표정, 웃는 얼굴은 아이에게 최고의 선

물이다.

500년 조선 왕조
왕세자 교육의 우뇌 교육 환경

우리 선조들은 어땠을까? 칼 비테 주니어가 천재라는 칭송을 받으며 기네스북에 오르기 이전에 이미 우리 선조들은 더욱 훌륭한 교육을 실천했다.

조선 왕조는 500년이 넘게 지속되었다. 세계사에서 1,000년이 넘는 제국과 비교하면 짧아 보이지만, 착각해서는 안된다. 왕조가 교체되지도 집권체가 바뀌지도 않고 하나의 '왕조'가 500년이 지속된 것은 대단한 일이기 때문이다. 나는 이렇게 조선 왕조가 500년이나 지속될 수 있었던 힘으로 수많은 성군을 키워냈던 왕세자 교육을 꼽는다.

조선시대 세자 교육은 특별했다. 배 속에 있을 시절부터 6명의 당대 학자들과 태교를 했다. 태어나면 아이 곁에는 24시간 스승이 교대로 대기했으며 새벽 3시에 기상해서 왕께 문안 인사를 하게 했다. 효를 글로만 익히는 것이 아니라 직접 실천하는 데 의의를 두었기 때문이다. 5세가 되기 이전에 당대 최고의 학자 20명의 가르침을 받았다. 5세부터는 강학청에서 어려운 경전을 외워야 했는데,『소학』,『효학』을 통째로 외워서 말할 수 있을 때까지 계속되었다.

또한 조선시대의 세자는 정기적으로 유학 강연을 듣고 토론을 했는데, 이를 서연이라고 한다. 서연에서 강론된 책은『효경』,『소학초략』,『동몽선습』과 같은 아동용 입문서에서 시작하여『소학』,『대학』,『논어』,『맹자』,『중용』의 경서까지 막론했다. 10세 이후로는『사략』,『강목』과 같은 역사서를 별도로 강론하였고, 17세에는『성학집요』,『주자봉사』와 같은 것을 또 다시 별도로 강론했다. 하루에 세 번의 서연을 열기도 했을 정도로 강행군에 가까운 학습이었다. 특히 정조는 이미 5세에 스승들과 강론한 책으로 스스럼없이 토론할 정도로 성취를 보여 할아버지인 영조를 놀라게 했다고 한다.

말 그대로 24시간이 모자랄 정도로 **빽빽한** 스케줄인데, 이는 우뇌 발달 시기에 실행한 교육이었기에 가능했다. 오히려 어릴 때 하지 않으면 불가능한 교육인 것이다.

칼 비테 이전, 아직 우뇌의 비밀을 알지 못했던 시절이었지만 이미 어린 시절에 발달하는 마법 같은 힘을 알고 있었던 우리 선조들에게는 이미 체계화된 '우뇌 제왕학'이 있었다.

(출처 및 참고 : 일부 위키백과)

Chapter 3.

우뇌를 바보로 만드는
디지털을 차단하라!

RIGHT BRAIN
REVOLUTION

RIGHT BRAIN REVOLUTION

1.

영유아 시기에는
디지털을 치열하게 차단하라

양육 감옥을 만드는 스마트폰, 왜 주는가?

우리나라는 세계 최고 수준의 초고속 통신망의 보급과 함께 스마트폰을 가장 많이 생산하는 나라이며 다른 국가에 비해 스마트폰 사용 연령이 제일 낮다. 우리나라 국민의 95%가 스마트폰을 사용하고 있으며 국내 스마트폰 보급률은 전 세계 1위다. 오죽하면 30년 뒤 인공지능에게 지배당할 확률이 가장 높은 나라로 대한민국이 오르내리겠는가?

그저 웃어넘길 수 있는 말이 아니다. 이 시대에 없어서는 안 될 최고의 도구지만 두뇌가 아직 발달과정에 있는 영유아에게는 어떤 독보다 치명적이다. 하지만 아직도 과도한 사용에 따른 그 어떤 경고도 없이 첫돌도 안 된 소중한 우리 아이들의 뇌를 관통하고 있다.

성인보다 전자파 흡수율이 높은 아이들은 디지털 기기의 가장 큰 희생자다. 전자파는 아이의 뇌막 속에 훨씬 깊숙이 파고 들어가기 때문에 스마트폰을 2분만 사용해도 1시간 이상이나 활동항진 증상이 나타난다고 한다. 즉 활동이 비정상적으로 증가하여 과한 상태가 되며 학습 능력뿐 아니라 행동조절과 집중력 감소는 물론 정신 건강 등에 영향을 미칠 수 있다. 그리고 스마트폰의 블루라이트로 인한 멜라토닌 분비의 감소로 생체리듬의 불균형이 올 수 있다고 전문가들은 우려하고 있고 실증적 사례들은 너무 많다.

그런데도 왜 스마트폰을 주게 될까?

"제가 할 일을 할 때 스마트폰을 주면 집중하고 얌전히 있게 되니 주게 돼요."

"아이가 멍때리고 있거나 지루해할 때 보여줘요."

"식당이나 공공장소에서 돌아다니니 통제를 위해 스마트폰을 보여주게 되었어요.”

“시부모님께서 양육해주시는데 텔레비전이나 스마트폰을 보여 주지 말라고 말씀을 못 드렸어요.”

“특별한 이유 없이 아이가 좋아해서 보여 주고 있어요.”

“(차 안에서) 장소를 이동하는 동안 아이에게 신경 쓰지 않아도 되니까요.”

“요즘 대부분 다 보여주니까. 사회적 분위기에 맞춰서 주게 돼요.”

“한 숟가락이라도 밥을 더 먹이려고 스마트폰을 보여 주고 있어요.”

“큰아이가 한창 미디어를 보는 시기라서 자연스럽게 노출하게 되었어요.”

울고 있는 아이를 즉시 그치게 하는 특효약은 ‘스마트폰’이다. 엄마도 아빠도 과자도 필요 없다. 스마트폰은 어떤 보상보다 아이들을 제대로 컨트롤 한다. 그 무엇으로도 달랠 수 없는 상황도 깔끔하게 해결하는 해결사가 스마트폰이다. 그러나 부모를 귀찮게 하지 않고 혼자 놀 수 있게 하려고 스마트폰을 허용했다가 중독돼버린 아이를 양육하느라 영영 ‘양육감옥’에서 헤어 나오지 못하는 부모들이 너무 많은 현실이다.

스마트폰 이전에는 과도한 텔레비전이나 비디오 영상으로 인한 폐해가 만만치 않았다. 하지만 적어도 텔레비전이나 비디오는 내가 어디를 가든지 갖고 다닐 수 있는 것이 아니었기에 사용하는 데 한계가 있었고 인터넷 게임중독 역시 컴퓨터가 있는 특정 장소가 필요했다. 하지만 언제 어디서 어떤 상황에서든 '스마트폰'은 가능하다. 심심해서 하늘을 보거나 심심해서 바람에 흔들리는 잎을 바라보며 감성을 키울 여유가 없다.

심지어는 공원 산책이나 나들이를 가면서 유모차에 전용 패드나 스마트폰 거치대를 설치해 놓는다. 많은 부모들이 매우 만족한다고 한다. 만약에 우리 아이들의 뇌가 투명한 유리로 되어 있어서 외부 환경에 뇌가 어떻게 반응하고 발달해 가는지를 볼 수 있다면 유모차에 거치대를 놓을 무지하고 포악한 부모는 없을 것이다.

디지털은 노출 자체로 뇌를 공격한다

나는 아이들을 잘 키우고 싶어 하는 특별한 부모들을 많이 만난다. 하지만 영재교육을 운운하기 전에 유해한 환경이 없는지 체크해봐야 한다.

이미 디지털 환경이 집에서 주인 노릇하고 있다면 어떤 노력도 무용지물이다. 영재는 고사하고 그저 평범한 아이로 자라나기도 쉽지 않다. 심지어는 영영 디지털 바보로 살아가야 할 수도 있다. 불편하지만 진실이다.

그림: 하서예

"잠깐 활용하는 것은 괜찮을 거라 생각하고 디지털 학습을 시작했어요."

"유튜브를 보고 영어를 곧잘 따라 해서 그냥 보여 주고 있어요."

이렇게 특정 내용이나 콘텐츠로 제한하여 보여주는 부모들도 있다. 그러나 스마트폰이 해로운 것은 내용보다 빛이다. 영유아 시기에 스마트폰이나 디지털 기기는 아이가 보는 내용이 가족 동영상이든 학습 콘텐츠든 게임이든 똑같이 해롭다. 좋은 내용이라고 전자파가 나오지 않거나 강렬한 빛이 아이 뇌를 비껴가지 않는다. 내용 때문에 뇌가 망가지는 것이 아니다. 노출 자체로 아이의 뇌를 망가뜨린다. 빛의 노출이나 전자파가 무서운 이유는 우뇌 발달을 심각하게 저해하기 때문이다. 감정의 뇌, 우뇌 발달에 문제가 되고 이런 정서 문제는 자연히 언어 발달에도 문제가 되고 있다. 강렬한 빛의 자극에 익숙해진 아이들은 점점 사람의 소리나 주변 반응에 무감각해지고 지기 세계로 빠지게 되면서 정서 발달에 문제가 생긴다. 아이는 오로지 화면에 눈을 고정시키고 눈동자조차 잘 움직이지 않는다. 영유아기의 디지털 노출은 청소년 게임중독에 비할 수 없다. 그보다 더욱 무서운 결과와 마주해야 한다. 아무리 애써도 두뇌는 재건축도 보수공사도 불가능하다.

나는 아기 손에 스마트폰이나 디지털 기기가 들려 있으면 그냥 지나가지 못하고 굳이 안 된다는 설명을 해주게 된다. 때로 눈총을 받기도 하지만 카페나 공원에서 그리고 병원 대기실이나 공공장소 어디라도 아기들에게 스마트폰이 들려 있거나 보고 있는 광경을 보면 이미 내 발길은 그 옆으로 가고 있다. 아마도 이런 극성은 내가 전자파 피해를 직접 경험했던 사람이기도 하고 디지털 기기로 피해를 입은 아이들을 자주 대면하게 되기 때문에 생긴 것 같다.

"어린아이에게 스마트폰을 주느니 차라리 담배를 줘라!" 사랑하는 아이에게 담배를 권할 부모가 어디 있겠는가? 거부감이 드는 말이지만 그만큼 스마트폰의 폐해는 이미 심각하다. 하지만 어쩌면 담배보다 더 치명적일 스마트폰이나 디지털 기기는 쉽게 준다. 담배는 몸을 망치고 인생을 망친다는 인식이라도 되어 있어서 어른들도 조심한다. 하지만 스마트폰에 대한 경고 광고나 교육은 그 어디에도 없는 안타까운 현실이다. 내가 아이에게 비디오 영상물을 노출해주던 90년대 초에는 모든 비디오를 시청하기 전에 불법, 무분별한 영상 시청은 호환마마(虎患媽媽: 호환은 호랑이에게 화를 입는 우환이고 마마는 당시에는 치료수단이 없었던 전염병이다)과 같이 무섭다는 강력한 경고메시지가 나왔었다. 반드시 그 화면을 봐야 본 내용을 볼 수 있었다.

그 시절에는 영상물이 그렇게 난무하던 때가 아니었어도 경고했는데 지금은 그마저 없다는 것이 안타깝다.

부모 교육현장에서 그 피해를 거의 매일 접하는 나로서는 더욱 심각하게 느낄 수밖에 없다. 우리 아이들의 우뇌가 위험하다. 영유아 디지털 노출은 지금 즉시 멈춰야 하는 대재앙이다. 현란한 빛으로 우리 아이들의 뇌를 마비시켜놓고 디지털 없이는 살 수 없는 노예로 전락시키고 있다.

이렇듯 두뇌 발달에 '달콤한 독'이 되고 있는 디지털 기기들이 아찔한 속도로 아이들 주변을 포위하고 있다. 스마트폰이 세상에 나온 것이 불과 10여 년이 지났을 뿐인데 지금까지 문제가 되었던 텔레비전, 비디오. 인터넷 게임과는 그야말로 게임이 안 되는 속도로 강력하고 빠르다. 이렇게 순식간에 디지털 쓰나미에 정신을 못 차릴 정도인데 앞으로 10년 후는 어떤 결과가 기다리고 있을까? 심히 걱정된다. 스티브 잡스나 빌 게이츠는 자녀에게 14세까지 디지털은 물론 컴퓨터도 주지 않았다고 하지만 현실적으로 쉽지 않다. 그때까지는 어렵다 하더라도 적어도 언어를 구사하기 이전에는 절대로 허용해서는 안 된다.

그러니 제발 영유아 시기에는 디지털을 치열하게 차단하자. 디지털을 차단할 용기 있는 부모가 21세기 부모 역할을 제대로 하는 부모라고 해도 과언이 아니다. 부모가 디지털을 이기면 내 아이를 살린다.

2.

식탁 위에서
스마트폰을 내려놓라

밥상머리에서 폰만 보는 아이,
밥을 먹이며 전전긍긍하는 엄마

"자! 여러분, 나는 아이에게 밥을 먹여주는 엄마다! 손 들어 보세요!"

강의 중에 체크해보면 꽤 많은 분들이 손을 든다. 그러면 나는 "밥 먹여 주는 엄마가 제일 나쁜 엄마인 거 아시죠?"라고 웃으며 말하지만 진심이다. 부모들은 사랑하니까 무심코 해주지만, 아이에게는 전혀 다른 결과로 전해진다. "네가 뭘 하겠어? 잠자코 있어!"라는 신호가 될 뿐이다.

"아휴, 아이가 먹을 때까지 어떻게 기다려요?"라고 하는 엄마들이 많다. 아이가 먹게 하려면 준비도 번거롭고 먹다가 흘리기도 하니 뒤처리도 해야 한다. 그래서 깔끔한 엄마는 아이가 크면 어차피 다 할 것이니 먹여준다고 한다. 요즘 대부분 아이들이 밥을 먹는 동안에도 스마트폰이나 패드를 본다. 한 숟가락이라도 더 먹이고 싶은 엄마는 아이를 위해 스마트폰을 주고 애써 아이 입에 숟가락을 갖다 댄다. 아이의 눈은 스마트폰을 향해 있고 눈동자도 움직일 일이 없이 고정 상태다. 밥숟가락을 입술 가까이 대고 톡톡 건드려야 비로소 입을 벌려 밥을 받아 먹는다. 아이가 화면을 보느라 반응이 없으면, 엄마는 심지어 집중력이 좋다고 착각하기도 한다.

이런 환경에서 밥을 먹으며 아이가 부모와 소통하는 것은 상상도 할수 없다. 아이는 느리게 씹고 삼키는 것을 반복하며 영상을 더 볼 수 있는 시간을 사수하기에 급급하다. 밥을 다 먹이고 영상을 끄면 반응은 각각이다. 순응하는 아이. 더 보겠다고 우는 아이. 하지만 둘 다 더욱 심각하게 밥과의 전쟁을 선포할 것이다. 그래야 스마트폰을 볼 기회를 쟁취하게 될 것이기 때문이다. 밥을 기다리는 것이 아니라 밥이라는 명분하에 보게 될 스마트폰을 기다리는 아이로 전락한다. 아이는 엄마의 마음을 교묘히 이용할 줄 아는 타고난 생존 전술가다. 이 전략게임에 부모는 사랑이라는 약점으로 휘말리게 된다. 아니 치열한 아이와의 전쟁으로부터 회피다. "그래, 그래. 이번만이야. 다음엔 절대 안 줄 거야!" 하지만 그 정도 협박이 통할 리가 없다. 즉시 중단해서 패턴을 바꾸지 않으면 엄마가 "밥 먹자!" 하는 순간 아이의 뇌 속에서는 밥 먹기 자동화 시스템이 부정적 패턴으로 가동될 것이다.

① 엄마가 밥 먹자고 말하는 순간 아이의 뇌에는 스마트폰 이미지가 즉시 켜진다.

② 스마트폰 영상을 틀어주지 않으면 밥을 안 먹겠다고 떼를 쓴다.

③ 엄마가 "오늘부터는 안 된다고 했잖아! 약속을 안 지키면 나쁜 아이야."라고 엄포를 놓는다.

④ 아랑곳하지 않고 짜증을 부리거나 통제가 안 될 만큼의 격한 반응을 보이기도 한다.

⑤ 엄마는 마지못해 "진짜 오늘뿐이야. 내일은 절대 안 준다. 떼써도 소용없어 알았지?" 라고 손가락까지 걸고 단단히 약속을 받는다.

⑥ 아이는 고개를 끄덕인다.

⑦ 스마트폰 화면에 눈동자가 고정되고 아이는 입만 벌린다.

⑧ 화면에 취해서 씹는 것도 잊는다.

⑨ 엄마는 친절하게 "꼭꼭 씹어야지."라고 말해준다.

⑩ 비로소 아이는 반사적으로 오물오물 씹다가 멈추기를 반복한다.

⑪ "삼켜야지. 계속 밥 안 삼키면 스마트폰 끈다?"라고 엄마는 또 한 번 엄포를 놓는다.

⑫ 아이는 그 말을 기다리느라 삼키지 않았던 것처럼 겨우 삼킨다.

⑬ 화면에 집중하느라 숟가락을 입술에 갖다 대야 반사적으로 입을 벌린다.

⑭ 음식물이 입 주변에 묻어도 관심이 없고 엄마는 아이 손이 닿기 전에 깔끔하게 닦아 준다.

⑮ "이제 3번 남았네." 하면서 남은 밥의 양을 알려주지만 정작 아이는 관심이 없다.

⑯ "이제 마지막 한 숟가락만 먹으면 다 먹었네~" 밥을 드디어 다 먹었음을 말하고 화면을 끈다.

⑰ 막무가내로 더 틀어달라고 떼쓰는 아이와 2차전에 돌입한다. 누가 이길까?

이렇게 밥을 먹는 과정이 부모가 아차 하는 순간에 부정적 프로세스로 패턴화한다. 아이가 어릴수록 패턴화 능력은 천재적이다. 단순히 밥 먹는 것뿐만 아니라 모든 행동 패턴을 학습해놓고 평생 사용하게 된다. '나중에 크면 알아서 하겠지.'라는 기대는 두뇌 발달을 모르고 하는 부모의 막연한 바람일 뿐이다. 긍정적이든 부정적 패턴이든 패턴화된 것은 차단 기능이 없는 전자동 컴퓨터 프로그램처럼 실행된다. 그래서 무섭다.

식탁 앞에서 가르치고 대화하라

제대로 된 식탁 예절과 식사 규칙을 알려주고 그 규칙 안으로 아이가 들어올 수 있도록 도와주자. 그렇게 되면 밥 먹는 것으로 아이와 전쟁을 치를 상황은 결코 생기지 않는다. 부모 교육에 오는 영아 부모들께 반드시 식탁 관련 훈육도 아이가 태어나자마자 해야 한다고 알려준다. 엄마가 아이와 함께 식탁에 앉아서 매번 듣고 보게 되었던 모든 상황은 캡처된 이미지로 기억해놨다가 입력된 그대로를 실행하게 된다. 아이가 어려서 시도할수록 가르칠 필요가 없다는 것을 알게 된다.

"약속했던 밥 먹는 시간 안에 먹지 않는다면 엄마는 ○○이가 밥을 먹고 싶지 않은 것으로 알고, 먹지 않아도 더 이상 기다리지 않고 치울 거예요. 그리고 다른 밥 대신 다른 간식은 먹을 수 없어요!"

이를 일관성 있게 지켜내면 된다. 주의할 점은 부모가 기분에 따라서 허용과 통제를 달리하게 되면 절대로 안 된다. 오히려 아이는 불안과 부모에 대한 불신을 갖게 된다. 아이들에게 가장 혹독한 불안은 부모가 일관성 없이 기분에 따라 행동하는 것이다. 단호하고 일관성 있는 태도가 사랑이다. 겁내지 말고 소신을 갖고 해보자. 그리 오래 걸리지 않는다. 몇 번의 일관된 코칭만으로도 쉽게 교정되는 것을 너무나 많이 경험했다. 사랑은 무조건적인 허용이 아니다.

"얼마나 잘 키우겠다고 밥 먹는 것으로 혹독하게 해야 하나? 크면 언젠가는 알아서 먹겠지? 저러다 아이 건강에 문제라도 생기면 어떡해?"라는 염려와 아직 어린데 밥 먹는 것으로 너무 스트레스 주는 유별난 엄마라는 죄책감마저 들기도 한다. 그래서 대부분 밥 앞에서는 사랑이라는 명분하에 무너지기가 쉽다. 하지만 식탁은 단순히 밥 한 끼를 해결하는 곳이 아니다. 그 시간과 공간을 함께 공유하며 소통능력을 키우는 최초의 학교다. 식탁문화의 격이 인격의 격을 결정한다고 해도 과언이 아니다. 아이와 부모가 식탁에서 나눌 이야기는 무궁무진하다. 꼭 거창한 문화, 역사, 정치, 경제나 예술 이야기가 아니면 어떤가? 아이와 함께하는 그 순간에 소통한다는 것이 중요하다.

그날 반찬으로 올라온 메뉴와 관계된 소재들을 떠올려 보라. 작물을 재배하는 사람들이나 재료가 자라는 환경과 차이 그리고 각기 다른 성분들과 효능 중에서 한 가지만 이야기를 나눈다 해도 스토리는 무궁무진하다. 말을 못 하는 아이라면 더더욱 좋은 기회다. 행복한 부모와 함께 식탁에서의 스토리가 아이의 일화 기억에 도움이 될 것이다.

인성과 두뇌가 좋은 아이는 어느 순간 작정해서 만들어지지 않는다. 자연스럽게 일상생활에서 부모의 양육 태도가 최고의 두뇌개발 교과서다. 유능한 인재는 식탁에서 만들어진다고 할 만큼 식탁에서 오가는 대화는 아이가 어떤 세상으로 나가게 될 것인지를 결정하는 데 중요한 출구다. 밥상머리 교육은 우리 아이들이 하류로 전락하지 않고 미래에 품격 있는 주인으로 살아갈 희망이다.

3.

디지털 중독의 방어벽은
듣기 환경이다

적어도 두뇌 발달 시기에는 디지털을 차단하라

어차피 디지털과 공존하는 세상이라며 아예 영유아 시기부터 다양한 스마트 앱을 통한 학습을 선호하는 추세다. 덕분에 학습연령이 점점 내려와서 3세만 되어도 디지털 학습에 노출된 사례들이 급증하고 있다. 각종 텔레비전 채널에서도 콘텐츠 서비스 경쟁이 치열하고 디지털 기기 앞이나 텔레비전 앞에 아이를 앉혀 놓기만 해도 똑똑한 아이를 만들어 줄 것 같은 홍보에 부모들의 기대는 화려한 콘텐츠에 꽂힌다.

무엇보다 '부모 대신 최고의 보모가 되어 줄 것을 약속'하는 홍보 영상에 부모들은 기대감으로 디지털 기기나 스크린 앞에 아이를 방치하게 된다. 어른들이 볼 때는 다양한 콘텐츠가 유익하고 도움이 될 것처럼 보이겠지만 잠깐 터트려지고 즉시 사라지기를 반복하는 현란하고 화려한 불꽃 쇼에 불과하다. 홍보 영상에서처럼 똑똑해진 아이도, 행복하게 웃는 부모들의 이미지도 가짜다. 현실에서는 결코 그런 일은 일어나지 않는다. 디지털 기기가 내 아이를 똑똑하게 키웠다는 이야기는 천년이 가도 들을 수 없을 것이다.

독일 뇌과학계의 일인자라고 칭송받는 만드레드 슈피처는 디지털 세상이 아이를 망치고 스마트폰이 어떻게 인간의 뇌를 망가뜨리는지를 많은 연구 결과로 경고하고 있다. 스마트폰이 곁에 있는 것만으로도 아이들의 사고 능력은 직접적으로 훼손되고, 지력은 떨어진다고 밝히고 있다. 아이가 잠드는 공간에 두지도 말라고 권고하고 있다. 그의 저서 『노모포비아』, 책 제목에 쓰인 노모포비아(nomophobia)란 no, mobile(휴대폰), phobia(공포)를 합성한 신조어로 휴대폰을 가지고 있지 않으면 불안감을 느끼는 증상이다.

책에서는 스마트폰이 학습 과정에 막대한 문제점으로 작용한다고 말하며 런던의 90개교 학생 13만 명을 대상으로 한 연구 보고서를 소개한다. 스웨덴, 덴마크 등의 북유럽 국가에서는 10년 가까이 학교 현장의 디지털화를 추진했는데, 그 결과 학업 성취도의 급격한 하락이 나타났다고 한다. 오스트레일리아는 2008년 24억 달러를 학교의 디지털화에 투자했는데, 2016년에는 그 계획을 철회했다고 한다.

"디지털 미디어는 주의력을 떨어뜨리고, 학습에 장애를 일으키고 교육을 저해한다. 이는 비단 독일의 과거 연구들뿐 아니라 세계 여러 나라, 특히 미국의 최신 연구에 의해서도 증명됐다."

– 『노모포비아』, 만프레드 슈피처

디지털은 필요 없고 아날로그 세상으로 역행하자는 것이 아니다. 우리나라는 2025년부터 모든 학교에 종이 교과서가 없는 디지털 시스템을 추진 중이다. 맞다. 어차피 디지털 세상은 피해 갈 수 없다. 단지 디지털 노예로 살지 않으려면 두뇌가 망가질 만큼 피해를 끼치는 영유아기의 디지털 노출은 절대로 안 된다는 것이다. 미래에 디지털 주인으로 살아가려면 적어도 두뇌 발달 시기, 즉 인간의 본성이 발달하는 시기에는 차단해야 한다. 소중한 우리 아이들의 발달체계를 망가뜨리는 데 디지털은 어떤 마약보다 치명적이고 빠른 중독성을 보이기 때문이다.

나는 교육현장에서 매일 디지털 환경으로 인한 우리 아이들의 폐해를 경험하고 있고 특히 언어발달이나 정서장애에 심각한 문제를 안고 있는 아이들 중심에 디지털을 차단하지 못한 부모들의 우유부단한 태도가 원인이 되고 있음을 보게 된다. 우선시되어야 하는 것은 부모가 먼저 디지털을 차단해야 아이도 개선이 가능하다. 디지털 중독이 된 아이들 대부분은 부모들이 디지털 중독이다. 지금 우리 현실은 우려를 넘어 이미 디지털 노예가 되어 정상적인 발달이 안 되는 안타까운 아이들이 너무나 많은 현실이고 학습 부진으로 이어지고 있다.

디지털 중독, 듣기 환경 개선으로 벗어나라

그렇다면 디지털 중독을 어떻게 예방하고 방지할 수 있을까? 디지털이 침범하기 전에 평생 방어벽이 되어 주는 것은 '듣기 환경'이다. 파리의 이비인후과 전문의이자 인지학자인 알프레드 토마티스 박사의 연구에 의하면 듣는 능력이 자세와 균형감, 근긴장도에 있어서도 중요한 역할을 한다는 사실을 발표하기도 했다. 알프레드는 착상 후 18주가 될 때부터 태아도 소리를 들을 수 있고, 귀가 인지적 발달에 있어 결정적인 역할을 한다고 주장한 최초의 전문가 중 하나로 알려져 있다.

요즘 아이들은 듣기가 너무나 부족한 환경에 있다. 부족한 듣기 환경은 아이들에게 여러 가지 문제를 초래한다. 특히 생후 24개월까지 제대로 된 언어를 듣지 못한 아이들은 말하기도 어려워하지만 상대방의 말을 이해하는 데 역시 문제가 생긴다. 우뇌가 발달하는 24개월 이전은 한마디로 '언어그릇'을 만드는 시기다. 아기에게 언어가 풍부한 환경을 주게 되면 살아가면서 어떤 어휘라도 담아낼 만큼의 슈퍼탱크를 만드는 것이다. 아이가 어릴수록 고급언어로 말을 걸어주는 것은 아이의 언어 천재성을 깨우는 데 매우 중요하다. 즉 우뇌가 발달하는 시기에 제대로 된 언어 노출이 없다면 그 이후에 많은 노력을 해도 큰 변화를 기대하기가 어렵다.

말을 빨리 하고 못 하고의 문제는 아니다. 듣기가 충분한 환경에서 말이 늦게 터지는 아이들은 발화가 되기 시작하면 눈부신 결과를 쏟아낸다. 반대로 일상 모방언어 몇 마디를 다른 아이들보다 빨리 구사한다고 언어가 발달했다고 안심하면 안 된다. 그 몇 마디가 그 아이의 내재화된 언어

능력의 전부일 수도 있다. 그래서 대부분 언어발달에 문제를 갖고 있는 아이들을 상담하다 보면 2세 무렵 말을 제법 했던 경우가 많다. 하지만 면밀히 체크를 해보면 듣기 환경이 충분하지 않았다는 공통점이 있다.

　타고난 시각적인 감각이 뛰어난 아이일수록 제대로 된 고급언어 환경에 노출시켜줘야 한다. 특히 베르니케 이해 중추가 발달하는 24개월 이전이 듣기능력이 결정되는 중요한 시기다. 말하기가 안 된 아이들은 사실 듣기가 안 된 아이들인데 우선 급한 마음에 한마디라도 따라 하게 하려고 말하기에 급급하다가 시기를 놓칠 수 있다. 우뇌가 발달하는 3세 이전에 듣기 환경이 결핍되면 사람의 언어 속에 내포된 감정을 읽고 이해하는 능력이 부족해진다. 무서운 일이다. 요즘 아이들에게 누군가의 말을 듣고 경청한다는 것이 매우 어려운 일이 되고 있다. 듣기는 수용성의 크기를 결정하는 중요한 발달단계다. 듣기 환경이 충분하면 인간의 몸을 통제하고 조절하는 놀라운 힘을 기르게 된다. 산만한 아이들을 보면 소리에 대한 의미 파악이 안 되고 소리에 즉각 몸을 조절하는 능력이 약하다. 소리가 안 들려서 행동제어가 안 되는 것이 아니라 몸과 마음의 통제능력이 부족하다.

교육현장에서 내가 만난 산만한 아이들의 공통점에는 영양의 불균형, 신체발달의 불균형, 시각적인 것과 청각적인 환경의 불균형, 부모의 일관성 없는 양육 환경 등 몇 가지가 있다. 특히 듣기 환경이 현저하게 부족하다는 공통점은 확실하다. 앞서 말했지만 듣기가 안 되어 말하기가 서툰 아이들에게 말하기를 일방적으로 강요하거나 말하지 못하는 것에 대해 비난하면 치명적이다.

4세나 5세라도, 말하기가 서툴다면 24개월 이전의 아이라 생각하고 반복적인 언어 자극을 줘야 하며 무엇보다 먼저 듣기에 집중해야 한다. 말하기의 능력은 듣기의 능력에서 시작된다. 나는 알프레드 토마티스의 이론을 접하지 못했을 때 많은 아이들을 지도하면서 듣기가 안 된 아이들의 공통된 특이점을 알게 되었다. 이런 경험이 없었다면 알프레드 토마티스의 이론을 접했을 때 온전히 이해하지 못했을 것이다. 나는 많은 경험을 이미 하고 난 뒤였기 때문에 "아하~"라는 감탄이 나올 만큼 공감백 배였다.

디지털 중독이 되지 않게 하는 방법은 듣기 환경을 강화시켜 주는 것이다.

4.

책, 음악, 목소리로
디지털을 멀리하라

듣기 환경 개선의 핵심은 반복이다

그렇다면 듣기 환경을 강화하기 위한 방법에는 무엇이 있을까?

먼저 책이 있다. 디지털 중독으로 상실한 통제 능력을 강화하기 위한 연습에는 책이 좋다. 책을 통해서 다양한 간접경험을 쌓아야 한다. 디지털은 단순히 책 읽는 시간만 빼앗아 가는 것이 아니라 생각하는 힘과 자신을 조절하는 능력을 앗아가고 있기 때문이다. 전략을 세워서라도 부모의 책장과 함께 아이만의 작은 도서관을 만들어 주자. 아이는 책을 통해서 듣게 되는 세상만큼 빠른 속도로 성장한다.

태교부터 아이에게 클래식 음악과 꾸준한 책 읽기를 권한다. 기독교 신앙을 갖고 있다면 잠언서나 운율이 있는 시편을 읽도록 권하고, 불교나 다른 종교를 갖고 있다면 법문이나 경전의 일정 부분이라도 반복해서 읽어 주기를 권한다. 그리고 아이가 어리다고 단순한 문장의 그림책에 그치지 말고 역사나 지리 그리고 다양한 인물에 대한 이야기나 일상생활에서 과학적 호기심을 가질 수 있도록 내용이 충실한 과학 관련 책들도 망설이지 말고 읽어 줘야 한다.

많은 부모들이 아이들이 어릴 때 천재적인 습득 능력이 있다는 이론을 말하면서도 정작 아이에게 들려주거나 보여주는 책은 지극히 단순한 그림책 몇 권을 주는 데 그치는 경우가 많다. 안타까운 일이다. "이렇게 어려운 것을 읽어 주라니?"라고 반문하고 싶겠지만 그 고정관념을 깨는 것이 우뇌 교육의 시작이다. 요즘처럼 의도하지 않아도 디지털 환경이 많은 시대를 살아가야 할 우리 아이들에게 책을 통한 듣기 강화는 강력한 면역제를 예방접종 하는 것과 같다.

또한 집 안에서는 클래식 한 곡을 정해서 매일 반복해서 듣게 하자. 클래식은 가사가 없기 때문에 잔잔한 배경음악으로 일상생활에서 활용할 수 있다. 클래식은 정서 두뇌를 위한 최고의 알파파 두뇌 마사지다. 또는 다른 음악일지라도 가사가 없는 음악을 추천한다. 국악이나 서양음악 등 가릴 필요는 없지만 음색이나 악기는 고려해 볼 필요가 있다. 어른들도 가끔 쇳소리나 날카로운 음에 노출되어 예민해진 경험이 한 번쯤 있을 것이다. 이처럼 소리는 뇌와 직통으로 연결되어 있다. 슬픈 장면의 사진을 보고도 쉽게 눈물이 나지 않지만 나와 전혀 상관없는 누군가라도 처절하게 통곡하는 소리를 듣게 되면 즉시 슬퍼지고 눈물이 흐르지 않던가?

어른의 생각으로 '아이가 어리니 동요 정도나 틀어줘야지.' 하고 하루종일 동요를 틀어놓는 경우가 있는데 삼가야 한다. 클래식은 주식처럼, 동요는 간식처럼 듣기의 밸런스를 맞춰야 한다. 하루 종일 동요나 단순한 음원을 무작위로 틀어 놓지 말자. 우리 아이의 천재적 음감을 사라지게 하는 지름길이다. 동요만 듣고 훌륭한 음악가가 되었다는 것을 들어본 적 있는가? 단순한 언어만 들은 아이가 훌륭한 전문가로 성장했다는 것을 본 적 있는가? 결국 무엇을 듣고 자랐느냐가 결국 그 사람의 수준이다.

또한 듣기가 잘 안 된 아이들은 반드시 반복 듣기를 해야 한다. 음악에 대한 경험이 많고 좌뇌가 발달한 이후라면 상관없지만, 특히 언어발달 시기에는 한 곡 반복이 강력한 효과가 있다.

아빠 목소리, 중저음이 좋다

또한 아빠 목소리는 우뇌 발달에 어떤 클래식보다 훌륭한 음악이며 마음의 안정제다. 엄마 목소리는 대부분 가늘고 고음이므로 단파장이지만 아빠 목소리는 중저음이라 클래식처럼 안정감을 더해준다. 그래서 혹시 산만하거나 듣기가 잘 안 되는 아이들에게는 엄마보다는 아빠와의 시간을 많이 확보하도록 권한다.

어릴수록 아이들은 모든 언어를 음으로 받아들이기 때문에 내용보다는 음이 중요하다. 엄마의 목소리가 높아질수록 아이에게 정확한 전달이 어렵다. 특히 훈육이 필요할 때는 아빠의 음이 훨씬 효과적이다.

대한민국에는 아이를 유명 대학에 보내려면 할아버지의 경제력, 아버지의 무관심, 어머니의 정보력 그리고 아이의 체력이 필요하다는 농담 같은 말이 유행했었다. 알게 모르게 아버지의 무관심이 아이 교육에 득이 되는 것 같은 사회 풍조를 무시할 수 없었다. 반면 유대인들은 교육의 주체가 아버지이고 유대 아버지들은 모든 것의 우선순위가 자녀 교육이다. 부모가 제대로 된 것을 가르쳐주지 않는다면 아이들은 밖에서 쓸데없는 것을 배워오기 때문이라고 말하는 유대인 아버지의 인터뷰를 본 적이 있다. 결국 교육의 주체와 뿌리는 가정이다. 세 살부터 시작해 토라, 탈무드로 지속되는 토론 교육은 14세까지 매일 평균 4시간 이상 진행된다. 이 많은 시간을 아이들 교육에 투자하는 것을 보면 노벨상 수상자 중 유대인이 많은 이유가 짐작 된다. 이렇듯 아빠 목소리는 내용을 떠나서 영유아기에 많이 듣게 될수록 정서적 안정과 두뇌 발달에 최고의 보약인 것이다. 21세기에는 아버지의 목소리가 담장을 넘어야 우리 아이 미래가 있다.

임신 중이라면 아빠 목소리로 녹음한 것을 아빠가 없는 시간에도 틀어주자. 우리 아이들은 현실적으로 아빠와의 적극적인 소통이 쉽지 않다. 적극적인 육아가 제도적으로도 권유되고 있어서 희망이 보이지만 막상 육아휴직을 하고도 어떻게 육아를 해야 하는지 제시된 방향이나 시스템이 없는 현실이다.

특히 아빠들이 우뇌 교육에 대해 이해를 한다면 사랑하는 내 아이의 소중한 3년을 그저 흘려보내지 않고 아빠 목소리를 더 많이 들려주기 위해 아이와 마주할 시간을 확보할 것이다. 밀린 집안일이나 우선 과제는 항상 사라지거나 줄지 않는다. 오늘 해결해도 내일 또 생기는 일상의 반복이다. 내일 해도 되고 더 미룬다고 생존에 문제가 생기지 않지만 우리 아이들의 소중한 두뇌 발달 시기에 아빠의 듣기 육아는 놓치면 절대로 안 된다.

우뇌 발달 시기에는 듣기 천재가 공부 천재가 된다는 것을 잊지 말자. 엄마의 자장가를 많이 듣거나 클래식을 많이 들은 아이들이 똑똑한 이유는 이런 음의 노출로 듣는 기능이 활성화되기 때문이다. 이 시기에 듣기가 잘 된 아이들은 하나를 알려주면 열을 터득해버리는 놀라운 이해능력을 갖추게 된다. 부모들이 육아에서 힘든 것은 아이들이 말을 듣지 않는다는 것이다. 그런데 자세히 관찰해보면 말을 듣지 않는 것이 아니라 그 의미를 모르는 것이다.

듣기는 의미를 부여하고 행동하게 하고 창조의 원천이 된다. 디지털, 완벽하게 피할 수 없다면 '듣기'를 강화하자.

천재적 지식인
존 스튜어트 밀의
고차원 우뇌 교육 환경

존 스튜어트 밀(John Stuart Mill)

– 철학자이자 경제학자, 천재적 지식인

존 스튜어트 밀은 제임스 밀(James Mill)의 장남이다. 아버지 밀은 공리주의의 전파와 실천을 이어갈 후계자로 천재적인 지식인을 만들어내고자 했다.

밀은 3세 때, 이미 알고 있던 영어 단어에 상응하는 그리스어 단어들을 배우기 시작했다. 8세까지는 이솝, 크세노폰, 헤로도토스의 고전을 원전으로 읽었다. 루키아노스, 디오게네스 라에르티우스, 이소크라테스, 플라톤의 책을 그리스어로, 이 밖에 역사책들을 영어로 읽었으며 산수를 터득했다. 8세부터는 문학과 철학용어인 라틴어와 유클리드와 대수(algebra)를 배웠고, 오비디우스, 베르길리우스, 호메로스, 유리피데스, 소포클레스 등 라틴어와 그리스어 고전 작품들을 모두 읽었다. 12세부터는 논리학과 경제학까지 섭렵하기 시작했다. 여기에 자연과학 서적, 시, 대중소설 등도 읽었다고 한다. 아버지 밀은 아들이 자만할까 우려하여 또래의 아이들의 놀이문화를 경험할 기회를 만들어주지 않았는데, 그래서 밀은 자신이 천재라고는 생각지 않았다고 한다.

밀의 학습 과정은 읽는 것만으로도 버겁다. 이런 교육이 어떻게 가능했을까? 앞에서 소개했던 칼 비테가 아들을 교육했던 방식과 밀의 아버지가 아들을 교육했던 방식은 매우 비슷하다. 고도의 학문을 마음껏 사유하도록 환경을 주었고 아들이 부족하다고 생각되는 것은 전문가들의 도움받기도 마다하지 않았다.

두 천재의 아버지들이 가장 중요하게 생각한 것은 지식의 양이 아니라 널리 세상을 이롭게 하는 세계관을 갖고 겸손하게 하는, 인간 본성에 집중한 교육이었다. 이를 가능하게 한 것은 무엇인가? 습득 능력이 100%인 잠재의식의 우뇌 발달 시기에 노출 환경이 남달랐을 뿐이다.

(출처 및 참고 : 일부 위키백과)

Chapter 4.

천재 뇌,
우뇌를 깨우는 6가지 방법

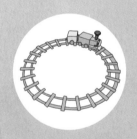

RIGHT BRAIN
REVOLUTION

RIGHT BRAIN REVOLUTION

1.

우뇌 알고리즘을 만들면
훈육이 쉬워진다

집에 있는 모든 환경을 전체 이미지로 입력시켜라!

우주선을 타고 각기 다른 별나라를 여행하듯 아이가 만나는 모든 세상
은 각기 다른 별들이 모여 이루는 광활한 우주다. 하지만 아무리 광활한
우주라도 휘~익 휘돌아 오기만 하면 하나의 이미지로 저장하는 능력을
갖고 있다.

매일 하루에 1번은 아이를 안고 '홈 투어'를 하자. 아기가 생활하게 되
는 집은 엄마 배 속에서 이미 익숙해져 있는 공간이다. 엄마나 아빠의 다
정한 목소리로 이끄는 홈 투어는 주변에 대한 민감성과 주거 공간을 3D

로 경험하게 한다. 아기가 있는 방부터 차례로 여행지를 안내하듯 공간의 특성과 용도 등 다양한 소재를 제공하는 최고의 학습 도구다. 매일 반복해주며 나름대로 순서를 정해서 루틴화하는 것이 좋다.

안방 → 거실 → 서재(아기방) → 욕실 → 주방 → 현관
(항상 같은 순서로)

아기가 어리다고 최대한 가만히 내버려 두는 것은 아기 두뇌에는 혹독한 고문이다. 아이는 그 어떤 방해도 없이 시공간과 상식을 초월해 세상을 학습하기 때문이다. 더군다나 매일 반복되는 부모의 말소리와 홈 투어는 최고의 정서 안정제와 인지 교과서 역할을 하고 다양한 어휘에 노출되므로 언어 발달에 큰 효과가 있다. 생생한 교과서다.

○○아. 여기는 안방이에요. 엄마, 아빠가 지내는 방이고 지금은 우리 ○○이도 함께 지내고 있는 방이지요. 자, 엄마랑 이 안방에 어떤 것들이 있는지 알아볼까요? 왼쪽으로 거실로 연결되는 문이 있고 문 오른쪽 위에는 시간을 알려주는 벽시계가 있어요, 지금 시간은 오전 10시 45분이에요. 그리고 이것은 엄마가 제일 좋아하는 화장대예요. 화장대는 거울이 있어서 엄마가 씻고 난 후에 여기 앉아서 화장품을 바르기도

하고 머리를 빗기도 해요. 그리고 외출할 때 예쁘게 보이도록 립스틱도 바르고 헤어드라이어로 스타일을 내기도 하지요. 화장대 안을 열어 볼까요? 우와, 엄마에게 필요한 화장품이 많네요. 이것은 엄마 물건이기 때문에 ○○이가 나중에 만지고 싶다면 엄마에게 허락을 받아야 해요. 이것은 아빠 물건이에요. 아빠 물건 역시 함부로 만지는 것은 안 돼요. 아빠에게 허락을 받아야 해요. 그리고 우리 ○○이 물건도 있어요. 물건에는 각자 주인이 달라요. 하지만 함께 사용할 수 있는 공동 물건도 많아요. 헤어드라이어는 가족이 공동으로 사용하는 물건 중에 하나예요. 그런 물건은 우리의 것이라고 표현할 수 있어요. 우리의 것이라고 하는 물건들은 함께 사용할 수 있는 것이에요. 자, 그럼 이번에는 거실로 나가볼까요?

우와~ 거실은 햇살이 많이 들어오고 넓어요. 창가로 가볼까요. 우리가 있는 곳은 11층 ○○호예요. (주소도 알려준다) 위로 하늘이 보이네요. 오늘은 2023년 ○○월 ○○일 ○○요일이에요. 오늘 날씨는 아주 맑아요. 해님이 우리 ○○이 보고 웃고 있어요~ 자, 이제 엄마 아빠가 앉아서 쉴 수 있는 소파에 앉아 볼까요(아이를 안고 앉아본다). 이제 일어서서 오른쪽으로 가볼까요? 엄마 아빠 결혼사진이 있네요. 그리고 이 사진은 ○○이가 엄마 배 속에 있을 때 아빠랑 함께 찍은 사진이에요. 그날 우리 ○○이도 기억나지요? 거실에서는 손님이 오면 가장 먼저 맞이하는 장소이기도 해요. ○○이랑 엄마 아빠가 함께 시간을 보내는 공간이에요. 거실에 있는 물건들의 이름을 하나하나 알려 줄게요.

이때 아이에게 어려울 것이라고 생각하고 유아어나 대충 쉽게 설명하지 말고 전문가의 언어로 제대로 설명해주도록 하자. 모든 사물이 갖고 있는 특성과 재질 그리고 그 물건이 있기까지의 과정을 유추해볼 수 있는 언어를 써준다면 아이 안에 잠재된 과학적 호기심의 싹이 쑥쑥 자라게 될 것이다.

자, 이번에는 앞쪽에 보이는 ○○이 방으로 가 볼까요?
○○이 방은 거실에서 남쪽 방향이에요. 문을 열면 작은 창문이 보이네요. 창문에는 빛을 조절할 수 있도록 블라인드가 되어 있어요. 창문 아래 벽으로는 우리 ○○이를 위해 아빠엄마가 준비한 물건들이 많이 있어요.

물건의 이름을 반드시 하나하나 알려주고 구입하게 되었거나 선물 받았다면 관련된 스토리를 들려준다.

이 방에 있는 물건의 주인은 ○○이에요. 물건은 모두 소중하기 때문에 물건을 다룰 때는 조심해야 해요. 함부로 던지면 안 되고 사용한 물건은 반드시 제자리에 두는 것을 지켜야 해요. 물건을 정리하는 것은 매우 중요해요. ○○이는 이 방의 주인이니까 이 방에 있는 모든 것을 잘 소중히 관리해야 해요.

자, 이번에는 욕실을 가볼까요. 욕실은 외출하고 돌아오면 가장 먼저 들어가서 손을 씻거나 목욕이나 샤워를 하는 공간이에요. 몸을 깨끗이 돌보는 것은 매우 중요한 일이에요. 물을 사용하기 때문에 미끄러울 수 있어서 욕실 실내화를 신어야 해요. 욕실에서 신는 신발은 외출할 때 신는 신발과는 달라요. 물이 묻어도 잘 마르도록 구멍이 나 있고 바닥은 미끄러지지 않도록 방지쿠션이 되어 있어서 안전해요. 욕실에는 커다란 거울도 있고 벽에는 수건을 걸 수 있도록 행거가 부착되어 있어요. 욕실에서 필요한 물건들은 치약, 칫솔, 수건, 샴푸, 세숫비누, 빗, 청소도구……. 그리고 욕조가 있어요. 욕조 안에 따뜻한 물을 채우고 목욕을 할 수 있어요. 그리고 화장실과 함께 있어요. 맛있는 음식을 먹고 나면 배설물이 생기는데 소변과 대변이라고 하고 엄마는 ○○이에게 오줌과 똥이라고 말할게요. 오줌과 똥을 싸는 것은 매우 중요한 일이에요. 변기에 앉아서 싸고 버튼을 누르면 배설물이 정화조로 내려가게 돼요. ○○이가 혼자 할 수 있을 때까지는 엄마 아빠가 도와줄 거예요. 변기는 절대로 손으로 만지거나 장난치는 물건이 아니에요. 양치할 때는 양치 컵에 물을 받아서 사용해야 물을 절약할 수가 있어요. 물을 절약하는 것은 매우 중요한 일이에요. 사용한 수건이나 물건은 다시 제자리에 바르게 놓아야 해요.

자, 이곳은 주방이에요. 주방은 맛있는 요리를 만드는 곳이고 요리를 위해 필요한 것들이 다 모여 있어요. 먼저 이것의 이름은 냉장고예요. 냉장고는 음식이나 식품이 변질되지 않도록 적절한 온도를 유지해서 신선도를 유지해주는 기능이 있어요. 냉장고 안에는 여러 가지 음식이 있고 냉동과 냉장으로 나뉘어져 있어요. 냉동에는 오랫동안 보관해야 하는 식품을 분류해서 넣어두지요. 그리고 냉장고에 음식을 넣거나 꺼낼 때는 문을 조심스럽게 열고 닫아야 해요. 모든 물건에도 마음이 있어요. 함부로 다루지 않도록 주의해야 해요. 우리 ○○이도 엄마가 소중히 하는 것처럼 ○○이도 모든 물건들을 소중히 해야 해요. 이곳은 엄마가 양념을 보관하는 곳이에요. 요리에 필요한 여러 가지 양념이 있어요. 양념의 이름들을 알려 줄게요. 이것은 소금, 그리고 이것은 설탕이에요. 소금과 색깔은 비슷하지만 맛은 달라요. 소금은 짠맛을 내고 설탕은 단맛을 내는 요리에 필요해요. 그리고 이것은 색깔이 빨갛고 예쁜 고춧가루지만 아기가 만지면 매우 위험해요. 아주 매운 맛을 내거든요. 궁금하다고 모든 것을 함부로 만지거나 맛을 봐서는 위험해요. 반드시 안전한 것인지를 엄마나 아빠에게 물어보고 허락을 받아야 해요. 엄마 아빠는 ○○이에게 무조건 하지 말라고 하지 않을 거예요. 하지만 옳지 않은 것은 절대로 허락하지 않을 거예요. 하고 싶지만 참고 기다려야 하거나 절대로 해서는 안 되는 것들이 많기 때문에 ○○이는 엄마아빠의 보호가 필요해요. 그리고 엄마가 주방에서 사용하는 도구예요. 칼, 도마, 국자, 프라이팬……. 칼은 음식을 만드는 데 아주 유용하지만 매우 위험해서 다칠 수가 있어요. ○○이가 혼자서 주방에 있는 도구를 만지는 것은 위험해요. 반드시 엄마아빠와 함께 사용하도록 해야 해요. 칼을 잡거나 가위를 사용하는 방법들이 있어요. 매우 조심스럽게 다루어야 해요. 주방에는 조심스럽고 신중하게 다뤄야 할 물건들이 많아요. 엄마가 하나씩 알려 줄게요.

자, 이제 현관이에요. 현관은 밖으로 나갈 수 있는 유일한 문이에요. 현관에서는 신발을 신거나 벗기 때문에 신발장이 있어요. 그리고 현관은 ○○이가 기어 다니거나 맨발로 걸어 다니는 곳이 아니에요. 이곳부터는 반드시 신발을 신어야 해요. 그리고 손님이 방문하게 되면 현관으로 나와서 인사로 맞이해야 하고 손님이 가실 때에도 현관에서 배웅해드리며 인사해야 해요. 방문하는 사람에게 예의를 갖추고 인사하는 것은 어떤 일보다 중요한 일이에요.

이렇듯 이제 막 태어난 아이라도 부모와 함께 하는 홈 투어를 매일 한다면 아이의 감각은 춤을 출 것이다. 아직 아무것도 모르는 아이한테 굳이 이럴 필요까지 있을까? 그리고 어차피 아이가 자라면서 다 알게 되는 평범한 일상을 굳이 번거롭게 해 줘야 할까? 이런 의구심이 들 것이다. 이해가 안 될 수도 있다. 하지만 이해하는 기능은 부모의 좌뇌적 판단이다. 지금까지 나는 우뇌 발달 시기를 강조했고 우뇌를 활성화하는 방법을 제시했다. 다시 말하지만, 아이가 어릴수록 이런 어른들의 상식과 부합되는 좌뇌는 무능력한 채로 잠자고 있다. 그래서 절호의 기회다. 아이는 아무런 수고도 없이 그저 부모의 품에서 부모가 하는 말과 상황을 잠재의식의 프로그램으로 인식해버릴 뿐이다. 그리고 우뇌에는 지속적이고 반복적인 루틴이 필요하다. 운동을 한 번 하고 멋있는 근육을 기대할 수 없듯이 두뇌도 마찬가지다. 수없이 많은 자극이 생기지만 수없이 소멸한다. 반복되지 않는 정보는 모두 삭제시키며 새로운 정보를 축적해가기 때문이다.

아이 두뇌에 자동화 시스템의 토대를 깔아라

아이 두뇌 속에 살고 있는 집의 모든 것이 지도처럼 그려져 있다고 상상해보라! 아이가 스스로를 안전하게 지키며 현명한 행동을 알아서 하게 될 것이다!

아이의 우뇌 저장창고에 홈 투어를 했던 모든 과정이 프로그래밍 되어 있다가 아이가 스스로 걷게 되거나 행동할 때 저장된 정보를 소환해서 행동을 결정하는 데 기준이 된다. 아이가 때가 되면 알아서 할 것이라는 막연한 기대는 틀리다. 지도가 있어야 나아갈 방향을 명확히 알고 갈 수 있는 것처럼 아이에게 사소한 모든 것도 미리 알려줘서 뇌지도에 입력되어야 한다. 그 결과는 놀랍다.

"○○아, 손 씻어야지!"라고 하는 엄마의 한마디에 욕실과 관련된 기억된 정보는 우뇌에 이미지 지도가 되어 펼쳐진다. 그리고 아이는 자동으로 이미지 지도에 따라 행동하게 된다. 욕실에 대한 알고리즘대로 실행되기 때문이다.

"여기는 식당이에요!"라는 한마디에 자동화 시스템이 작동된다.

식당 → 음식을 먹는 공공장소 → 인사를 하고 주문을 한다 → 돌아다니거나 장난치지 않고 주문한 음식을 기다린다 → 음식이 나오면 잘 먹겠습니다 인사하기 → 아빠 엄마 먼저 드시라고 말한 후 먹기 → 음식을 입에 넣은 채로 말하지 않기 → 먼저 먹게 되더라도 따로 돌아다니지 않고 기다리기 → 사용한 숟가락이나 컵을 바르게 놓기 → 잘 먹었습니다 인사하기 → 가족과 식사는 즐거운 일이다.

옛말에 하나를 알려주면 열을 이해하는 아이, 앉을 자리 설 자리를 스스로 아는 아이로 키워야 한다고 했다. 하지만 그런 아이는 어느 날 갑자기 만들어지는 것이 결코 아니다. 모든 것을 천재적으로 학습해버리는 침묵의 뇌, 우뇌가 발달하는 이 황금 시기에 눈에 보이는 모든 것, 상상되는 모든 것을 아이에게 알려주자. 잔소리도 회초리도 필요 없는 완전한 작은 우주가 내 아이임을 발견하게 될 것이다. 훈육은 더더군다나 할 필요가 없는 아이로 성장한다. 너무나 자연스럽고 당연한 결과다.

나는 수없이 많은 기적 같은 성장 사례를 많이 보았기에 태교나 신생아 시기에 부모 교육에 오신 분들에게 이런 우뇌이론을 강조하고 또 강조한다. 진정한 훈육은 태아에서부터 세상의 이치를 감각으로 알아차리는 영유아기에 시작하고 끝나는 일이다. 어느 날 말을 안 듣는 아이를 앞에 두고 이해시키고 설득시키며 전쟁 같은 육아를 할 일은 결코 생기지 않는다. 아이가 말을 못 하는 시기의 수고와 부모가 지속적으로 원맨쇼하듯 혼자 말하는 것이 쉽지 않기에 부모 교육은 필수다. 가끔 뜻하지 않은 장소에서 부모 교육 강의를 들었던 엄마로부터 고맙다는 인사를 받기도 한다.

"강의 내용 그대로 100%로는 아니었지만 육아에 활용해보니 진짜 잔소리가 필요 없는 아이로 자랐어요. 얼마 전 식당에서 요즘 아이답지 않고 기특하다며 옆 테이블에 처음 본 할머니가 용돈을 주셨어요."

어떤 보상보다 큰 가치를 느끼게 되는 순간이다.

아이와 동행하는 그 모든 장소가 아이에게 세상을 알려주는 최적의 학교다. 심지어는 모든 과목을 넘나드는 창의융합학교로서 넘치도록 충분하지 않겠는가? 아이는 아직 몰라도 된다는 어른들의 좌뇌적인 사고, 미리 알려주는 것은 아이를 힘들게 할 것이라는 고정관념을 과감히 버린다면 어떤 아이라도 무한한 가능성을 펼칠 수 있게 된다.

이곳은 백화점이에요. 이곳은 식당이에요! 이곳은 신호등을 건너야 하는 횡단보도예요! 이것은 청소기예요. 청소기는 어떤 기능을 갖고 있고 어떻게 사용하는지를 알려줄게요!
등등. 존재하는 모든 것에 관심을 갖고 관찰할 수 있도록 호기심의 씨앗에 물을 주자. 하지만 이런 교육을 위해서 모든 장소에 갈 수는 없다. 만질 수 없는 것을 다 만져보게 할 수도 없고 볼 수 없는 것을 다 보게 할 방법은 없다. 그래서 책이다. 책은 단지 지식을 구하는 수단이며 공부라는 어른들의 감정을 제발 끌어 오지 말고 온 우주 어디라도 미리보기 할수 있도록 책이라는 간접경험의 통로를 열어 주는 것은 부모의 몫이다. 간접경험의 정도가 호기심의 정도를 결정한다. 크면 보여주고 크면 알려주겠다는 부모의 마음은 아이 두뇌 발달과는 맞지 않다. 우리 모두 커서경험했고 커서 배웠지만 보이지 않는 것까지 통찰해서 보는 능력은 습득하지 못했다. 아주 사소한 것이라도 우뇌 알고리즘화 시켜놓는다면 신기하게도 훈육이 필요 없는 내 아이를 보게 될 것이다.

2.

잠재력을 깨우는
3단계 그림책 활용법

"우리 아이는 아직 책에 흥미가 없는지 가만히 앉아서 보지 못하고 돌아다녀요. 지금은 때가 아닌가 봐요."

이렇게 느껴지는 그 시기가 사실 우뇌가 가장 발달하는 황금 시기다. 그런 아이가 지금 눈앞에 있다면 아직 우뇌가 활발히 발달하고 있는 과정의 천재를 보고 있는 것이다.

우뇌 성향이 많은 아이일수록 속도감에 민감하므로 천천히 책을 본다거나 가만히 앉아서 듣기를 어려워한다. 특히 남자아이들 대부분이 시공간 지각 능력이 발달되다 보니 우뇌적 경향성이 어려서는 매우 짙다. 우뇌는 정보 처리 속도가 좌뇌의 1,000배라는 말이 있다. 1,000배라는 것이 빠르다는 점을 강조하는 상징적인 숫자라 할지라도, 분명한 것은 우뇌가 빠른 '속도 뇌'라는 점이다. 즉 우뇌형들은 정보 처리 속도도 빠르고 빛보다 빠른 직감 능력을 가지고 있다. 이런 '속도 뇌' 속성은 안타깝게도 이 시기가 지나면 급속도로 사라진다.

1,000배의 탁월한 우뇌 속도 능력을 활성시키기 위해서 어떻게 해야 할까?

1단계

– 책 제목을 반복하고 또 반복해서 기억하게 하라!

매일 읽어줄 그림책을 따로 구분하고 그 책의 권수와 상관없이 무조건 책 제목을 반복해서 빠르게 보여준다.

보여주는 방법은 아이 앞에 책을 멈춘 상태로 제목을 읽어주지 말고 앞뒤로 회전시키면서 플래시 카드 보여 주듯이 찰나에 앞뒤를 보여주되

목소리는 너무 높지 않은 중저음의 명확한 발음으로 들려준다,

"이것은 뾰족뾰족 선인장이에요, 뾰족뾰족 선인장. 뾰족뾰족 선인장."
3번 정도 반복해준다. 읽어 주려고 내놓은 책은 한 권씩 차례로 제목부터
익숙하도록 반복해준다. 내용을 꼭 읽지 않게 되더라도 며칠이든 상관없
이 먼저 책 제목과 이미지에 익숙하도록 속도 훈련을 한다. 우선 내용을
알려주려고 욕심부리지 않는 것이 중요하다. 우뇌는 익숙하게 하는 것이
우선이다.

2단계
– 0.5초로 빠르게 책장을 넘겨라!

제목이 충분히 익숙해졌다면 책장을 펴고 1페이지당 0.5초 정도 속도
로 넘겨주자. 이때 읽어주는 내용은 친절하게 다 읽어주지 말고 책장을
넘겨 줄 때마다 내용은 빠르고 정확하게 한 줄 읽기를 해준다. 1페이지에
한 줄 정도만 읽어주고 넘긴다. 다시 그 페이지에 왔을 때는 조금 전에
읽었던 내용 말고 다른 내용의 한 줄을 읽어준다. 이렇게 순차적으로 반
복하다 보면 결국 책의 내용을 다 읽어준 셈이다. 앞뒤 섞여도 상관없다.

반복과 속도가 중요하다. 책의 내용을 이해시키는 것이 아니라 시지각을 자극하는 속도훈련이며 준비운동임을 잊지 말자.

이렇게 빨리 넘기면 아이가 어떻게 알아먹을까? 이런 좌뇌적 의심은 내려놓고 일단 책장을 첫 페이지부터 끝 페이지까지 넘겨주고 다시 첫 페이지로 와서 끝 페이지까지를 반복해서 넘겨주자. 이 과정 역시 반복 횟수가 많을수록 우뇌는 춤을 춘다. 1단계 제목 반복이나 2단계 1페이지에 0.5초 읽기가 반복이 잘되었다면 비로소 3단계 책 읽기로 들어간다. 위 2단계 과정이 아무리 많은 시간이 걸리더라도 반드시 그 과정을 중요하게 실천해야 한다. 독서 천재가 되는 필수 코스다.

3단계
– 아이가 돌아다녀도 책 읽기를 멈추지 말라!

일반적으로 생각하는 부모들의 책 읽기 속도로 읽어주면 된다. 아이들이 돌아다녀도 개의치 말고 멈추지 말고 읽어주자. 명심하자! 책 읽는 뇌를 위한 틀을 만드는 시기다.

대부분 이때 엄마들은 책 육아를 포기한다. 가만히 앉아서 집중하지 않는다는 이유지만 아이들의 우뇌 발달을 모르는 최악의 실수다. 단 아이를 따라 다니면서 읽어주는 것은 절대 금물이다. 이 시기는 어른들처럼 들리는 소리를 분석하지 않기 때문에 방해를 받지 않는다. 엄마가 들려주는 따뜻한 한 곡의 노래와 같고 초능력으로 입력해버린다. 좌뇌형 엄마가 멈추지만 않는다면 아이는 기적을 보여준다.

이 단계 책 읽기는 대화하듯이 또는 하나하나 친절하게 설명하면서 읽어도 상관없다. 이미 시지각이 충분히 자극되고 이미지로 훈련이 되었기 때문에 충분히 우뇌가 열리고 책의 내용은 음악처럼 통으로 리듬으로 입력해 버린다. 엄마가 읽어주기만 하거나 음원만 듣고도 토씨 하나 틀리지 않고 통으로 줄줄 어려운 내용이라도 외우는 아이들의 천재성은 우뇌력이다. 좌뇌가 발달해버리면 그 신비한 능력은 거짓말처럼 사라진다. 다시 말하지만 우뇌 교육은 내용을 이해시키고 주입시키는 교육이 아니다. 자주 접촉해서 친근해지고 스스로 습득하게 하는 교육이며 향후 아이가 어떤 책이나 학습이라도 우뇌를 활용할 수 있도록 수용성을 높이는 준비운동과 같은 것이다.

3.

이미지력을 높여주는
3단계 한자 학습법

어릴수록 발달한 우뇌,

그래서 한자는 어릴 때 해야 한다!

우뇌는 특별하다. 특히 이미지 능력이 최대로 발달하는 3세 이전의 아이들을 관찰하다 보면 경이롭다. 어떻게 저런 능력이 가능할까? 이론을 알면서도 믿기 힘들 때가 있다. 우뇌의 메커니즘을 이해하려고 파고들다 보면 신비주의에 빠지는 듯한 착각을 할 때가 있다. 주변에 아마도 천재형 인재가 분명히 있을 것이다. 그들을 유심히 관찰해보면 납득이 안 될 정도로 뭐든 쉽게 습득하는 것처럼 보인다. 처음 살게 된 나라의 언어도 유심히 듣고 관찰하고 글자를 들여다보면 어느새 의미로 이해하고 그 언어만의 패턴을 파악하게 되고 2~3개월이면 어렵지 않게 현지인들과 소통하고 글을 쓰는 데 문제가 없다고 말한다. 그러면 나는 '아! 우뇌형 인재구나!' 하면서 묻는다. "이런 힘은 어디에서 시작되었을까요?" 즉시 답을 주실 때가 많다.

우뇌 인재 K는 엄마가 태교부터 자칭 우뇌 육아를 했었다. K는 이미 대학 재학 중에 5개 국어가 완벽했고 훌륭하게 성장해서 본인의 꿈대로 대사관에서 중요 직책을 맡고 있다. 최근에 맡게 된 업무 때문에 본격적으로 중국어를 공부했는데 습득하는 데 불과 몇 개월이 걸리지 않았다. 중요 직책이라 수준이 일상회화 정도가 아니었을 텐데 말이다. K의 엄마는 자기 아들이지만 신기하다며 웃는다. 우뇌형 인재들을 보면 쉽다. 간단하다. 스위치 ON 하면 알아서 돌아가는 컴퓨터 시스템 같다. 전공분야와 상관없이 각각의 특화된 재능을 갖고 있으면서 또 이 모든 재능이 하나로 통합되어 어떤 일을 수행할 때 간결하고 빠르게 해결하는 수단이 된다.

K가 자랄 때는 아이가 어리면 아주 초보적인 학습지나 글자로 조기교

육을 하는 정도가 대부분이었다. 그러나 K의 엄마는 음악의 세계와 예술 그리고 어른들도 보기 힘든 내용의 책을 머리맡에 두고 자연스럽게 노출해줬다. 한마디로 아이의 잠재능력을 믿었고 굳이 경계를 두지 않았다. 아직도 K가 4살 정도에 대형 백과사전을 몰입해서 보던 기특한 모습이 눈에 선하다. 집에는 항상 클래식 음악이 흘렀고, 넉넉한 형편이 아니었음에도 K를 훌륭한 외교관을 대하듯 행동했다. 아이가 어리다고 초보적인 지식을 주입하느라 학습지를 한다거나 학원에 의존한 적이 없었다. 가끔 선생님이 알려준 방식으로 문제를 풀지 않고 K만의 방식으로 풀어서 답으로 인정을 못 받아 속상하다는 말을 전해 듣기는 했지만, 외교관이 되겠다는 꿈을 이뤘다. K의 엄마와 최근에도 나눈 이야기는 '우뇌'다. 그리고 그 중심에 '한자'가 있음을 다시 확인했다.

"어려서 '한자'를 시키세요!"

한자는 이미지 글자다. 어린아이들에게는 가장 쉬운 글자지만 좌뇌가 발달하는 시기부터는 가장 어려운 글자가 된다. 우뇌 발달에 좋은 효과가 있는 한자를 가장 효율적으로 시작할 수 있는 시기는 생후부터다. 사실 부모 교육에서 학습법 강의를 할 때 가장 우선적으로 강조하는 것이 한자다. 한자는 무엇보다 획수 하나하나에도 음과 뜻이 있어서 한자 2,000자를 알게 된다면 3만 단어를 조합할 수 있다. 충분한 독서를 통해서 3만 단어를 취득하려면 고급 언어로 된 책을 무려 1만 권은 더 읽고 기억해야 한다. 그런데 한자는 2,000단어도 아니고 2,000자만 습득해도 이런 놀라운 능력을 갖게 되는 것이다.

한자가 아이들 두뇌 발달에 도움이 되는 것은 습득하는 과정이 특별하기 때문이다. 무엇보다 다른 수고도 없이 그저 눈으로 반복해서 보기만 하면 기억하게 되고 어떤 모양이라도 음과 뜻을 포함하고 있으니 결국 전뇌를 사용하게 된다.

나는 생후 즉시 플래시 카드로 시작하라고 한다. 어린아이한테 무슨 혹독한 짓이냐 할지 모르지만 생각해보라. 우리가 아무리 어지럽고 난해한 그림을 본다고 해서 그 때문에 머리가 아프던가? 의미를 분석하려 하지 않고 그저 보고 있으면 이미지로 기억할 수 있다. 한자는 아이들에게는 그저 이미지일 뿐이다. 그 이미지에 맞는 음과 뜻은 자연스럽게 통으로 기억할 수 있다. 그런 능력이 있는 우뇌의 시기이기에 가능하다.

그림이나 도형을 많이 보면 우뇌가 발달하고 창의적인 뇌가 발달된다는 사실은 유명하다. 그런데 한자를 그런 의미로 해석하려 하면 거부감을 나타낸다. 왜 그럴까? 우리는 한자를 좌뇌적 공부로 생각하기 때문이다. 한자 공부가 지겹다는 것을 알아버린 연령에는 당연히 과부하가 걸린다. 그러니 한자는 우뇌 발달 시기를 놓친다면 굉장히 조심스럽게 접근해야 한다. 무작정 급수를 따기 위해서 외우는 학습은 무의미하다. 결국 급수를 따고 시간이 지나면 기억 저편으로 거의 사라지고 만다. 사실 이미 학령기가 되었다고 하더라도 한자는 시지각을 활용한 우뇌학습법으로 해야 한다. 그래서 학습지나 학원에서 목적이 한자를 한 자라도 아는 것이라면 우뇌로 한자를 활용하는 목적은 잠자는 우뇌를 깨우는 것이다. 학령기의 아이들이라 할지라도 우뇌 방법은 놀라운 결과를 가져다준다. 하지만 한자는 어떤 방식으로 하더라도 한 만큼 이익인 유일한 문자다.

1단계

– 먼저 한자음에 충분한 노출을 시켜라!

한자음에 익숙하도록 하는 것이 먼저다. 어렵다고 느껴지는 경서라도 듣게 하면 기억하게 된다. 그것이 우뇌다.

단순한 한자라도 처음 듣게 되는 음은 익숙하지 않기 때문에 훨씬 어렵게 느껴진다. 한글을 터득할 때도 익숙하고 좋아하는 단어는 금방 알게 된다. 인간의 두뇌는 이미 익숙해진 것은 저항 없이 받아들이는 구조를 갖고 있다. 한자가 어려운 것은 일상생활에서 그런 음을 들어 본 적이 없기 때문이다. 그럼에도 부모들은 아이가 한자에 익숙해질 수 있는 환경을 전혀 주지 않은 채 어느 날 갑자기 학습지를 들이밀거나 학원에 보낸다.

나는 우뇌 발달에 한자가 큰 영향을 미치게 된다는 것을 접하면서 오래전 명심보감 대본을 구해 현직 훈장님의 성독과 그 제자의 낭독, 그리고 내가 직접 한 해석 낭독을 녹음파일로 만들었다.

부모 교육에서 우뇌 교육을 소신껏 하고 싶은 부모님들께 녹음 파일을 주고 매일 클래식 음악처럼 흘려듣기를 하게 했다. 대체로 생후 직후의 아이들이거나 아직 어린 아이들에게 듣도록 했다. 그리고 명심보감을 전부 지면에 한 자 한 자 옮겨서 이미지 파일로 만들었고 향후 아이가 커서 덩어리로 들었던 내용을 낱자로 기억하도록 훈련용 낱자 파일을 만들어 출력해서 클리어 파일에 넣어두고 보여 주게 했다. 일부러 가르치거나 듣도록 강요할 일이 없었다. 왜냐면 생후 몇 개월이 안 된 아이였기 때문에 부모가 틀어 놓으면 그저 들을 수 있었기 때문이다.

명심보감 문장 파일은 A4용지 1페이지에 원서를 써서 보게 하고 한글 음은 엄마가 보고 읽어주도록 하단에 작은 글씨로 써놓았다. 해석은 낭독과 해석을 동시에 듣도록 음원을 활용했다. 이 음원과 자료를 만드는 데 1년여 시간이 걸렸다.

S가 5세가 되었을 때 명심보감 원서 파일을 보며 음원 파일을 따라서 낭독하도록 했다. 이 자료를 만든 나도 명심보감에 적힌 한자들은 그야말로 머리가 아플 만큼의 어려운 한자였지만 아이는 아무런 어려움도 없이 음을 그대로 기억해서 낭독하기 시작했다. '아하! 이래서 전문가들이 아이는 모든 것을 음으로 기억해버리는 천재라고 했구나!'라고 다시 한번 확인하게 되었다.

엄청난 분량의 내용인데 스위치 ON 하니 그저 테이프가 돌아가듯이 줄줄 기억해서 낭독했을 뿐더러 그저 앵무새처럼 따라 한 것일 수도 있다고 의심하고 그 의미를 물어봤는데 6세가 되면서는 낱자 하나하나의 의미까지 자연스럽게 알기 시작했다. 대학생이 작정하고 외우려 한다 해도 불가능한 일이지만 음악 뇌, 우뇌가 발달하는 시기에는 그저 노래 한 곡을 외우는 것처럼 어렵지 않고 자연스러운 일이다. 명심보감보다 훨씬 어려운 내용이었을지라도 결과는 똑같았을 것이다. 우뇌는 스위치 ON 상태에서는 우주 만물의 양이라도 상관없이 음으로 기억하는 천재다.

漢昭烈이 將終에 勅後主曰 勿以善小而不爲하고 勿以惡小而爲之하라.

한소열이 장종에 칙후주왈 물이선소이불위하고 물이악소이위지하라.

한나라의 소열 황제가 임종을 앞두고 후주에게 경계하여 말하였다. "작은 선이라고 하지 않아서는 안 되며, 작은 악이라고 해서는 안 된다."

利人之言은 煖如綿絮하고 像人之語는 利如荊棘하여

一言利人에 重値千金이요 一語傷人에 痛如刀割이니라.

이인지언은 난여면서하고 상인지어는 이여형극하여

일언이인에 중치천금이요 일어상인에 통여도할이니라.

사람을 이롭게 하는 말은 따뜻하기가 솜과 같고, 사람을 상하게 하는 말은 날카롭기가 가시 같아서, 한마디 말은 그 무게가 천금과도 같고, 말로 사람을 속상했을 때 아프기는 칼에 베이는 것과 같다.

102개 문장 중에서 2번, 100번의 내용이다. 놀라운 것은 이런 내용의 의미를 스스로 깨우치게 된다는 것이다. 산만한 7세 아이에게 준 적이 있는데 아이는 당장 첫날부터 거부반응을 보였고 듣기 싫다고 했다. 엄마는 지혜롭게 "미안해, 엄마가 들어야 하는 숙제인데 네가 좀 도와줄래? 조금만 참아줘~"라고 아이를 달랬다. 그렇게 큰 무리 없이 거실에 틀어놓고 아이는 듣지도 않았지만 어느 날 그 엄마가 전화가 왔다. 듣지도 않고 듣기 싫다던 아이가 2번 내용으로 '나쁜 일이 작다고 악을 행하면 안 된다'고 동생에게 훈계하더라는 것이다. "듣지 않겠다고 했지만 들리는 것은 이렇게 효과가 있네요."라고 하셨다.

어떤 소리가 입력되느냐에 따라서 우리 몸은 산만하게 움직일 것인지 차분하게 생각할 것인지를 결정한다. 소리는 뇌를 성형하는 가장 빠른 메스다.

그렇게 명심보감을 줄줄 낭독하는 S는 초등학교 고학년이다. 7세부터 소설을 쓴다며 제법 창의적인 작품을 만들기도 하고 학원이나 학습지 등 1차원적인 학습을 시키지 않았지만 영어원서로 독서를 하거나 어려운 수학 문제를 자기만의 방식으로 풀며 즐기는 아이로 자유롭고 독립적인 성장을 하고 있다. S는 영어유치원이나 학원을 다닌 적은 없지만 역시 어려서부터 충분히 영어환경에 노출시켜주고 영어를 놀이처럼 자연스럽게 인식해서 그 음을 기억하게 했기 때문에 아무렇지 않게 영어를 좋아하는 아이로 성장한 것이다. 무조건 음에 먼저 익숙해져야 한다. 낱자라도 한자는 음과 뜻을 읊어 주자. 뇌는 듣기를 거부할 수 없기에 자동인식능력이 가능하다.

2단계

– 한자 플래시 카드로 시지각을 자극하라!

먼저 한자 플래시 카드를 준비하자. 수준은 아이가 어리다고 8급부터 주는 것은 우뇌를 모르는 좌뇌적 고정관념이다. 아이가 어릴수록 쉽고 단순한 것보다는 복잡하고 획수가 많아서 그림처럼 보이는 한자가 효과적이다. 한 일(一)보다 복잡해 보이는 새 조(鳥)나 거북 귀(龜)를 더 쉽게 기억한다. 믿기지 않는다면 지금 즉시 3세 이전의 아이에게 시도해보자.

한자 플래시 카드는 최대한 빠르게 넘기면서 보여준다. 아이가 어리다면 많은 양을 갖고도 가능하지만(50장) 이미 말을 하거나 스스로 움직이기 시작한 아이들은 최소한(3장~5장)의 카드로 시작해서 적응시키면서 늘려가야 한다.

빠르게 3번 정도 반복하고 카드는 지정 장소에 항상 올려놓는다. 플래시 카드를 하고 나서 아이가 장난감처럼 갖고 놀도록 아이에게 맡기는데, 이는 바람직하지 않다.

"이 카드는 눈으로만 보는 거예요!"라고 하고 반드시 제자리에 올려놓는다. 아이들에게 배움이란 질서화 과정이다. 특히 우뇌는 질서가 반복되어야 패턴화된다. 일주일에 몇 장을 정해놓고 하기도 하지만 매일 익숙한 것은 빼고 새로운 것을 추가하는 방식이 좋다. 그리고 새 카드를 추가하면서 빼놓은 카드는 복습 박스에 따로 넣어두고 수시로 반복을 해야 한다.

단기기억 능력이 발달하고 있는 아이들은 기억도 금방 하지만 빠르게 잊기도 한다. 반복하게 되면 해마에서 중요한 정보라고 인식하게 되고 장기기억화 시킨다. "언제까지 보여 줘야 하나요?"란 질문을 많이 받는데, 아이마다 다르겠지만 어떤 아이라도 완벽하게 기억할 때까지 하는 것을 원칙으로 한다.

기억하지 못한다면 아무리 많이 했어도 소용없다. 아이마다 감각기능이 다르기 때문에 개인차가 있다. 정해진 룰이나 기한은 없다. 아이가 즐거워할 수 있도록 하는 것이 중요하고 특히 플래시 카드를 자꾸 주입시키려 하지 말고 그저 쓰윽 지나치듯 빠르게 반복만 해주자. 시지각운동이다.

명심하라. 기억할 때까지는 끝난 것이 아니다. 할 수만 있다면 아이가 학령기에 들어가더라도 우뇌 운동이라고 생각하고 플래시 기법으로 한자를 지속하기를 바란다. 잠자는 우뇌 속도 뇌를 깨우기에 플래시 카드는 여러모로 유용하다.

3단계
– 쓰기는 이미 알고 있는 한자로 연습하게 하자!

모든 학습의 꽃은 쓰기다. 더군다나 한자 쓰기는 여러 가지로 유익하다. 하지만 앞서 말했던 것처럼 익숙한 음을 익숙하게 보고 난 뒤에 마지막 쓰기를 시도해야 한다. 즉 모르는 글자를 무리하게 쓰게 하지 말자. 글은 쓰면서도 이미지로 그려져야 하고 그 의미 또한 충분히 알 수 있어야 한다. 글이란 쓰면서 이미지가 미리 떠올라야 한다. 한자를 쓸 정도의 연령의 아이들이란 이미 좌뇌화가 된 연령이기 때문에 의미 없이 쓰게 하는 것은 고문이다. 예를 들어 이미 익숙한 한자는 즉시 한자음만 들어도 이미지가 떠오르기 때문에 쓰면서 메타인지가 되고 장기기억이 가능하다. 모든 쓰기가 그렇지만 특히 한자는 즐겁게 학습할 수 있는 분위기를 만들어 주는 것이 중요하다.

한자 관련 다양한 책들을 사주고 동화책을 보더라도 한자음을 찾아서 한자와 자연스럽게 연결하는 놀이도 좋다. 한자 목판으로 탁본 놀이를 하거나 다양한 창의 활동과 연결하는 것은 한자에 대한 긍정적인 효과를 준다. 아이가 학령기가 될수록 컸으니까 무조건 외우라고 하지 말고 더 다양한 창의 활동과 연관지어서 아이 안에 유쾌한 어린이 자아를 깨워줘야 학습효과도 뛰어나다. 놀이로 접근하면 아이들은 스스로 창의융합 활동으로 확장해 간다. 한자를 귀로 듣고 눈으로 보고 손을 활용한 한자학습이 더해지면 한자는 결코 어려운 문자가 아니라 즐거운 놀이가 된다.

귀로 기억하게 하자!
눈으로 기억하게 하자!
손으로 기억하게 하자!

한자는 기억하지 못한 글자를 쓰게 하는 것은 금물이다. 그래서 어려서 시도해야 하고 학령기에 들어가면 한자 학습은 거의 고문에 가깝다. 좌뇌가 발달해버리면 분석하고 이해하려 하기 때문에 이미지로 기억하는 능력은 거의 사라지게 되고 이미지로 떠오르지 않는 한자의 획수를 외우는 것은 몹시 힘들기도 하지만 시간이 지나면 거의 기억나지 않는다. 하지만 어려서 한자음에 노출된 아이들은 소리를 듣는 순간 이미지와 연결하게 되고 그림을 기억하듯이 기억하게 되고 쉽게 쓸 수 있게 된다.

우뇌 학습법은 조선시대 왕세자 교육법이 특별하게 다르다는 것과 유대인들이 아기 때부터 어려운 토라와 탈무드를 듣고 배우게 하고 그것을 14세가 되도록 철저하게 기억하고 토론하여 내면화시킨다는 것에서 아이디어를 얻었다.

우뇌를 천재 뇌라고 모두 알고 있으면서 정작 우뇌가 발달하는 시기에 너무나 초보적이고 제한적인 자극밖에 주지 않고 있는 지금 현실 교육의 문제점을 직시하고 시도한 것이었다. 내 생애 최고의 꿈은 나에게 부모교육을 받은 분들의 자녀 중에서 노벨상이 나오는 것이다. 이 꿈이 생기고 이 아이디어도 떠올랐고 지금도 그 꿈 때문에 날마다 앉으나 서나 우뇌, 우뇌한다.

우리의 선조들처럼 문장을 통으로 기억하도록 소리로 반복하고 눈으로 반복해야 한다. 그렇게 기억하는 고사성어나 명심보감처럼 문장을 완벽하게 기억될 때까지 쓰고 또 써보게 하자. 공부 기적의 시작은 한자다.

4.

어느새 한글 떼는
엄마표 우뇌 한글 교육법

공부에 대한 부정적 감정이 없으려면
스트레스 없이 한글을 떼게 하라

아이들의 공부 지옥의 시작은 언제부터일까? 아마도 한글을 떼려고 문
자 공부를 시작하면서 아닐까? 그때 '공부는 싫다'라는 감정이 만들어질
것이다. 교육열이 높은 대한민국의 부모들에게 아이의 한글 학습은 중요
한 비중을 차지한다. 아이가 한글을 빨리 떼는 것은 부모의 자긍심이 되
기도 한다. 6세 아이가 한글을 읽지 못하는 것을 부모 역할을 잘못해서라
고 자책하는 경우도 많다.

당연히 한글을 빨리 읽게 하는 유치원일수록 인기가 좋다. 아이가 똑똑하거나 또래보다 빠르다는 기준이 대체로 글자를 빨리 읽고 영어단어를 더 많이 알고 수 연산 문제를 더 빨리 풀 수 있는 능력으로 해석된다. 특정 유치원은 아예 한글을 모르면 입학할 수도 없는 경우도 있다. 요즘엔 4~5세 아이들이 글자를 줄줄 읽는 것은 놀랄 일도 아니다.

상담을 하다 보면 글자의 습득이 부모도 아이도 중대한 과업이다. 이 과정에서 아이는 공부를 지겹고 힘든 것으로 인식하게 되고, 엄마는 무작정 사랑스럽고 설레던 아이로 인해 실망하게 된다. 대한민국에서 아이를 키우는 부모라면 취학 전에 한글을 읽게 하는 것에서 자유롭지 못하다. 지금 초등학교에 입학하면 한글을 가르치지 않기 때문이다. 한글을 모르고 입학하는 아이는 거의 찾아볼 수가 없다.

두뇌 발달을 알아야 학습이 제대로 된다

그렇다면 한글이나 다른 문자는 언제 해야 적기일까? 대부분 영재들은 문자를 빠른 시기에 터득한다. 하지만 학습능력이 전혀 안 되는 아이들도 문자를 어린 시기에 터득하기도 한다. 어떤 차이가 있을까?

답은 명확하다. 우뇌가 발달하는 시기에 우뇌 방식으로 하면 아무런 무리 없이 터득하게 되고 두뇌 발달에 큰 효과가 있지만, 이 시기(6세 이전)에 좌뇌식으로 자음이나 모음 그리고 낱자 같은 추상적인 기호로 학습하게 된다면 의미를 모르고 읽게 되므로 문해력에 심각한 문제가 발생한다.

언젠가 부모 교육을 마치고 가려는데 한 어머니가 뛰어와 아이 상담을 요청하셨다. 아이는 4학년이었고 남자아이였는데 학습능력이 전혀 안되고 학원을 여기저기 보내도 효과가 없다는 것이다. 어느 정도냐는 물음에 문제를 읽고 전혀 이해를 못 하니 거의 0점을 맞는다는 것이다.

"어휴, 저는 제 아이가 영재인 줄 알았어요! 세 살 때 한글을 줄줄 읽었었거든요!"

이해가 안 된다는 것이다. 나는 아이가 어떤 방법으로 한글을 떼게 되었는지를 자세히 말해 달라고 했다. 역시 예상대로 어린 시기에 추상적인 기호를 외우게 해서 의미 없이 글자만 하나하나 읽어 내려가게 된 것이었다. 정보 처리 속도가 초고속으로 진행되는 아이를 붙들고 하나하나 짚어가며 7세 이후에나 가능했을 좌뇌식 방법으로 무리한 것이다. 더군다나 시지각이 발달한 남자아이여서 24개월 이전에 충분한 듣기가 되지 않았다면 이해력은 기대하기 어렵다. 태내부터 체크해보니 까다로운 기질의 아이였고 영상 노출도 너무 빠른 시기에 허용했었다. 당연히 듣기가 부족했으니 의미를 파악하고 이해하는 청지각이 발달되지 못했고, 그런 상태에서 의미 없는 문자교육에 노출된 것이다.

두뇌 발달 과정을 모르는 부모의 열정은 아이에게 오히려 독이 된다. 나는 제대로 된 방법이 아니라면 문자는 섣불리 시도하지 말라고 권고한다. 꾸준히 책을 반복적으로 읽어준다면 그 책의 전체 내용이 음으로 기억될 것이고 아이에 따라 시기는 다르지만 반드시 기억된 음에 맞는 문자를 찾게 되고 자연스럽게 터득하게 된다. 그런데 안타깝게도 많은 아이들이 공부 지옥에 들어가거나 초독서증 환자가 된다. 초독서증은 의미를 이해하지 못하고 그저 글자만 줄줄 읽어 내려가는 심각한 학습장애다. 과도한 디지털 환경이 이런 현상을 더욱 부추기고 있고 지금 이런 아이들이 나날이 늘어가고 있는 추세다. 그래서 우뇌다. 대안이 필요하다.

대부분의 유아교육 전문가들도 아이들이 어릴수록 쉬운 낱자나 자음 모음을 단계적으로 가르쳐야 한다고 주장한다. 나 역시 그렇게 생각했었지만 막상 교육현장에서 지켜본 아이들의 두뇌는 어른들의 생각과는 달랐고 유명한 전문가들의 이론을 무색하게 할 만큼 우주의 정해진 질서처럼 고유의 패턴으로 실행해 간다. 그 패턴을 따라가면 너무 쉽고 간단하지만 안타깝게도 어른들의 상식과는 정반대다. 나는 오랫동안 우뇌로 한글 떼기를 안내해왔으며 직접 지도하기도 했다.

현실과는 전혀 다른 방법이기도 했지만 칼 비테나 글렌도만 박사 이론을 적용한 임상이기도 했다. 발달지연이나 자폐를 갖고 있는 아이들도 지도하면서 아이들 안에 잠재된 놀라운 능력을 보게 되었고 올바른 한글 떼기는 글자 인식을 넘어선 최고의 두뇌계발 훈련이 된다는 것도 알게 되었다.

문자는 기억할 때까지 반복해야 하는 특수성이 있는 학습이기 때문에 어떤 것보다 우뇌 발달에 효과적이다. 글렌도만 박사가 평생 기억력이 좋은 사람으로 살기를 기대한다면 즉시 읽기를 가르치라는 말의 의미를 많은 아이들의 결과를 보면서 확인하게 되었다.

우뇌의 속성인 속도감과 반복, 전체 이미지를 따라 가면 그 내용이 무엇이라도 그대로 복사하고 저장하는 능력으로 아이들은 너무 쉽게 문자를 터득했다. 효과는 기대 이상이고 아이도 스트레스 없이 행복할 수 있다. 왜 어른들의 관점은 쉽게 바뀌지 않는 것일까? 어른들의 관점이 바뀌고 노출 환경을 제한하지만 않는다면 아이들은 스펀지처럼 습득하는 천재다.

대안은 부모밖에 없다. 부모일 수밖에 없는 이유는 대부분 3세 이전에 놀라운 우뇌 능력이 있다가 사라지기 때문이고 이 시기에는 부모가 유일한 선생님이고 학교이기 때문이다. 부모의 무릎학교가 우리 아이들의 경쟁력이다.

어릴수록 낱자나 자음 모음으로 접근하지 말자. 아이가 세상을 미리보기 할 수 있는 내용의 책을 먼저 읽어주자. 이 세상의 모든 소리는 어떤 형태를 갖고 있다는 것을 책을 보며 '감'을 잡게 하자. 모든 소리마다 모양이 다르고 의미가 다르다는 것을 청각 경로와 시각 경로를 통해 기분 좋게 경험하게 하자. 아이는 점차 일반명사뿐만 아니라 추상명사의 의미가 어떻게 사용되는지에 대한 구조적인 틀도 그냥 받아들인다. 어느 날 기쁨이나 행복 그리고 희망이나 평화의 의미를 스스로 깨닫게 된다. 책이 그 길을 열어주는 열쇠다. 3세 이전 음소인식 단계에서는 고급 언어를 듣는 것만으로도 문법의 체계까지 구축해 놓는다.

아주 오래전에 만난 H 엄마는 독어를 전공하고 강사로 활동하다가 임신으로 휴직을 하던 상태였다. 그때 당시 『태아는 천재다』라는 책을 선물해주고 다시 만났을 때 특별한 태교에 대해서 관심을 보였다. 태내에서부터 24개월까지의 아이의 놀라운 잠재능력에 대해서 이야기를 했고 칼비테나 글렌도만 박사 이론을 공유했는데 그 이후로 H 엄마는 아이의 두뇌 발달에 대한 근거 문헌들을 찾아보면서 24개월까지 논리를 믿고 실천해보고 싶다고 했다. 그때가 임신 6개월이었는데 청지각 자극을 위한 책과 시지각 자극을 위한 단어 카드와 문장 카드를 준비했고 독어는 물론 영어 노래와 책을 구입해서 아이와 태담을 시작했다. 극성 엄마라는 주변의 비난에도 불구하고 임신 때부터 아이에게 보여주던 온갖 단어 카드나 문장 카드 그리고 추상명사를 충분히 경험할 수 있는 다양한 영역의 스토리 북들을 열심히 읽어 주었다.

아이는 21개월이 되었을 때 2,000단어를 무리 없이 인지했고 남자아이 평균보다 말을 빨리 하게 되었고 말을 트면서 문자는 그냥 저절로 다 읽게 되었다. 그것도 아주 간단했다. 엄마가 한 것은 큰 수고가 아니라 관점을 바꾼 것이었고 당장 손에 잡히지는 않았지만 잠재된 가능성을 믿고 아기들이 무능한 2년을 보내는 것이 아니라 천재 시기를 보낸다는 것을 알게 되었다. 독어로 이야기를 해도 다 알아듣게 된 H를 보면서도 주변 사람들은 그저 타고났다고 일축하고 H 엄마가 애쓴 과정은 관심을 두지 않았다.

H 엄마가 다른 지역으로 이사를 간 후 장문의 편지를 써서 보냈다. 교육적인 관점이 달라서 외롭다는 이야기와 무엇보다 탁월한 아이의 재능을 보고 엄마가 얼마나 아이를 혹사시키고 공부만 시켰으면 어린아이가 영어나 독어를 하냐며 오히려 비난을 받는다는 것이었다. 그리고 엄마가 독단적인 학습을 시키느라 학원이나 학습지를 시키지 않는다며 이상한 외계인 엄마 취급을 받는 것이 불편하고 답답하다는 것이었다.

H 엄마가 자기도 이런 이론을 받아들이지 않았다면 다를 바 없었을 것이라며 자기를 깨우쳐 준 것처럼 많은 부모들을 깨우쳐 주는 데 사명을

다해 달라는 부탁과 격려를 담았다. 그리고 아이를 보면서 느끼게 되는 행복감에 덕분이라는 감사를 전해왔다. 아기 때는 두뇌로 놀고 6세가 되면서는 체력을 단련하며 몸으로 놀아야 진짜 건강한 두뇌력을 갖게 된다는 것을 너무나 잘 실천했던 엄마다. 그리고 늘 이렇게 이야기했다. "제가 아이한테 특별하게 한 것이 없어요."라고, 그런 환경에서 자란 아이들은 웃으며 말하곤 한다.

"엄마는 저에게 그 어떤 것도 억지로 강요한 적이 없어요."

이런 결과를 가져다주는 우뇌로 한글은 좌뇌로 하는 한글 읽기와는 정반대다. 일반 상식을 뒤집고 기존 상식을 털어내야 한다.

앞서 태교부터나 아이가 태어나자마자 아이를 안고 홈 투어를 하면서 집 안에 있는 모든 사물을 알려 주라고 말했듯이 일반명사는 집 안이나 밖에 나가면 볼 수 있는 사물의 이름을 적어서 활용하는 것이 제일 좋다. 종이는 좀 두꺼운 마분지가 좋고 단어나 문장 카드로 사용할 것을 구분해서 구입처에서 크기를 잘라 달라고 하면 된다. 그리고 읽어주는 책의 제목이나 책 속에 있는 문장들을 플래시 카드로 단지 보여주기만 하면 된다. 엄마가 충분히 실천할 수 있는 우뇌로 한글 떼기는 '호기심'으로 향하는 언어의 문을 열게 하는 통로다.

1단계
– 한글 떼기의 기본은 전체 듣기 (전체 스토리 읽어주기)

아이를 안고 홈 탐방을 하면서 하나하나의 사물을 알려줄 때 녹음을 하는 방법도 좋다. 가끔 틀어놓으면 훌륭한 듣기 교재가 되고 단어 카드를 보여 줄 때 그렇게 보고 들었던 단어를 써서 보여주면 효과 백배다.

① 태내부터 또는 매일 읽어주는 정해진 책이 있어야 한다. 충분한 듣기 환경으로 수용성을 높여준다. 들어보지 못한 글자를 들이대는 것은 폭력이다.

② 정해진 책의 음원을 매일 1번 이상은 듣게 한다. 부모가 읽어 주는 음은 매번 달라지기 때문에 일관성 있는 스토리 음원이 읽기를 위한 듣기에는 매우 효과적이다. 다양한 음원을 들려주더라도 반드시 정해진 책의 음원은 매일 우선순위로 듣게 하자.

2단계

– 문장 카드 보여주기

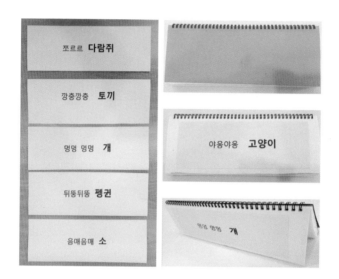

① 문장 카드는 책의 제목이나 정해놓고 읽는 책의 내용에서 문장을 골

라서 만든다.

② 스케치북을 가로로 1/2로 나눈다.

③ 스프링이 있어서 자연스럽게 문장 책이 만들어진다.

④ 날개로 잘린 것은 똑같은 내용을 써서 따로 놓고 플래시 카드처럼

보여준다 .

⑤ 스프링 북도 한 장씩 넘기면서 보여준다.

⑥ 문장 카드를 보여줄 때는 불필요한 설명을 위해 멈추지 않는다.

⑦ 0.5초씩 넘기면서 반복해준다.

⑧ 향후 빠르게 읽기와 이해력에 큰 도움이 된다.

⑨ 가능하면 의성어, 의태어가 들어간 문장으로 한다.

⑩ 우뇌 한글은 단어나 낱자보다 문장 카드를 먼저 보여 준다.

⑪ 아이가 문장 이미지로 음을 기억할 때까지 반복한다. 말을 못 해도 기억한다.

⑫ 단순히 글자를 알게 하는 목적보다 시지각 훈련을 통해서 놀라운 기억능력을 갖추게 된다.

3단계

– 단어카드 보여주기

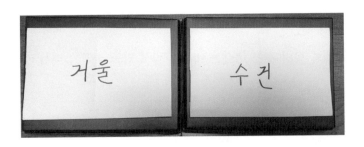

① 아이를 안고 집 안에 있는 모든 사물의 이름을 이야기해준다. (Chapter 4.-1 참고)

② 안방, 서재, 거실, 욕실, 주방, 현관에 있는 사물들의 이름을 카드로 만들어서 영역별로 분류해 놓는다.

③ 가로 15cm, 세로 10cm 정도가 좋다.

④ 글씨는 아이가 어리다고 크게 쓸 필요는 없다. 소리와 하나의 덩어리로 '척' 직관해서 보도록 중앙에 2~3cm 폭으로 들어오도록 쓴다.

⑤ 가능하면 홈 투어를 하는 순서대로 카드를 0.5초씩 낮고 정확한 음으로 빠르게 보여준다.

⑥ 아이가 움직이지 않고 보게 되는 시기이거나 훈련이 되어 가능하다면 최소 50단어를 보여준다.

⑦ 반복은 가능하면 3회가 좋다. 하지만 꼭 횟수에 얽매일 필요는 없다. 카드는 보여 주고 항상 제자리에 올려놓고 아이가 장난감처럼 갖고 놀지 않도록 한다. (ㅇㅇ아, 이 카드는 눈으로만 보는 거예요! 오늘 ㅇㅇ이에게 욕실에 있는 물건들의 이름을 보여 줄 거예요.)

⑧ 플라스틱 빨대에 미니 낱말 카드 깃발을 만든다.

⑨ 하나씩 꺼내면서 빠르게 앞뒤로 회전시켜서 보여 준다. 사물의 이름을 양면에 써서 엄마가 쉽게 말할 수 있도록 한다. 회전을 3번 정도

해준다(예: "포크, 포크, 포크"). 다 보여 준 후에는 역시 제자리에 올려놓는다. 용도에 따른 질서를 알려주는 것은 좋은 태도를 갖는 데 반드시 필요하다. 크면 하겠지란 생각은 틀리다. 아기 때부터 제대로 알려 줘야 아이는 혼돈스러워 하지 않고 질서화가 가능해진다.

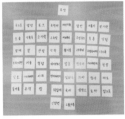
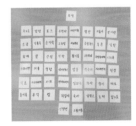

4단계

– 낱자로 놀기

① 이미 기억하는 문장을 1/2로 잘라서 변별놀이를 한다.

② 1/2로 잘랐던 것을 1/4로 잘라서 변별놀이를 한다.

③ 낱자로 잘라서 이미 익숙하게 기억하는 음에 맞춰 하나씩 찾도록
   한다.

④ 낱자로 찾을 때 속도가 붙어서 척척 찾아낼 때까지 반복한다.

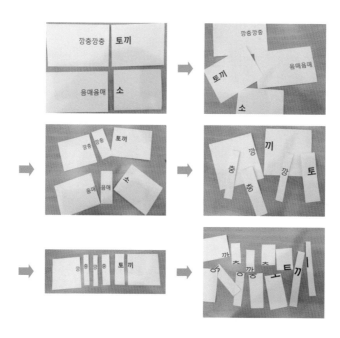

5단계

– 자음 모음 놀이

① 앞에서 낱자로 완벽하게 아는 글자를 자음 모음으로 분리한다.
② 소리를 들으며 최대한 빨리 조합해서 글자를 만들 때까지 반복 놀
   이로 한다.

단어나 낱자만 줘도 그 글자가 갖고 있는 전체 이미지를 기억하고 다른
책과 연관된 정보로 잇게 된다. 결국 전체 내용뿐 아니라 낱자가 갖은 의
미도 스스로 깨우치게 된다. 신기하게도 아주 쉽게 해낸다. 그것이 우뇌의
기능이다. 순차적 효과가 아니라 퀀텀점핑이다. 그냥 그곳에 도달한다.

우뇌로 한글 떼기는 거꾸로 학습이다. 숲을 보는 뇌 우뇌를 활용해 지금
까지의 상식을 뒤엎고 순식간에 숲에 대한 전체 이미지를 저장하게 하자.
저절로 알게 되고 저절로 깨닫게 되고 저절로 분석하고 비교하게 된다.

엄마가 만드는 것이 번거롭다면 한글 프로그램을 구입하기를 추천한
다. 어떤 방식으로든 시기를 놓치지 않는 것이 중요하다. 전문화된 프로

그램은 체계적이고 무엇보다 아이가 표현이 가능해지면 1:1 방문 수업이 가능하다. 글자를 터득하는 목적보다 아이에게 글자를 통해 즐거운 창의 놀이 경험을 주기 위해서다. 수업을 했으니 당장 글자를 알아야 한다는 욕심은 갖지 말자. 효과를 극대화하고 싶다면 엄마가 만든 자료든 구입한 전문 자료든 아이가 어린 시기부터 그 내용에 충분히 익숙해지도록 노출한 후에 선생님 수업을 하면 효과는 백배다.

아이가 어릴수록 모든 것을 음으로 기억하고 시각 경로를 통한 모든 이미지는 내용과 상관없이 그저 그림이고 놀이로 받아들인다. 스트레스 제로(zero)다. 우뇌로 한글 떼기는 마법이다.

5.

공부 천재가 되는
우뇌 교과서 활용법

부모부터 교과서에 관심을 가져라

학령기 아이들에게 가장 중요한 독서의 우선순위는 '교과서 읽기'다. 그럼에도 요즘 학생들은 교과서를 학교에 두고 다닌다. 무거운 교과서로부터 아이들을 해방해준 매우 유익한 처방이기도 하지만 뭔가 아쉽다. 하교 후에 이어지는 학원 계획표에 밀려 교과서는 안중에도 없다. 어차피 학원 숙제하느라 교과서를 들여다볼 여력이 없는 현실이다.

아이들은 대부분 학원에 다니면서 공부를 하기 때문에 학원 교재가 따로 있고 그 진도가 학교 진도보다 항상 앞서가니 아이들 입장에서도 학원 교재가 더 중요하다고 느낄 것이다. 하지만 나는 초중고 학습 코칭을 할 때 교과서부터 챙기라고 한다. 학교에 두고 다녀야 한다면 반드시 집에도 교과서를 준비하기를 권한다. 국정교과서는 대한민국 최고의 전문가들이 혼을 다해 편찬한 훌륭한 책이다. 반드시 집에도 교과서가 있어야 한다.

교과서를 사랑하고 소중하게 여길 수 있도록 부모가 먼저 아이들 교과서에 관심을 가져보자. 무엇보다 교과서는 아이들과 소통할 수 있는 최고의 소통 도구다. 부모가 아이들이 학교에서 어떤 것들을 배우는지 알고 있다면 아이들의 관심사를 알 수 있고 아이가 무엇을 어려워하는지 쉽게 알아차릴 수 있을 것이다. 교과서 내용을 잘 따라가는지를 감시하라는 것이 아니라 아이의 눈높이에 맞춰 소통하는 데 좋은 도구가 된다는 뜻이다.

교과서를 활용한 우뇌 활성 훈련

자, 교과서를 활용해서 우뇌 활성 훈련을 해보자. 방법은 너무 간단해서 시시할 정도다. 교과서를 척척 넘겨서 우뇌를 불러오면 된다.

① 쉬는 시간에 딱 2~3분만 먼저 앉아 다음 시간 과목의 교과서를 꺼낸다.
② 0.5초 정도 속도로 첫 페이지에서 끝 페이지까지 대충대충 빠르게 책장을 넘긴다.
③ 3번 이상 빠르게 반복한다.
④ 교과서 목차를 복사해서 클리어파일에 넣어두고 목차를 활용한 메타인지 학습을 한다.

두뇌는 변화에 저항하도록 프로그래밍 되어 있다. 더군다나 민감한 청소년기에 뇌는 늘 방어 태세다. 아주 작은 반복으로 뇌가 겁먹지 않도록 해야 한다. 그래서 그저 책장 넘기는 놀이쯤으로 착각하도록 뇌를 속여야 한다. 책장을 넘기는 것도 대충대충 넘겨도 된다. 넘기다 보면 흥미로운 페이지에서 멈추고 자세히 보게 되기가 쉽다. 하지만 결코 멈추지 말고 그저 책장을 넘겨라. 매번 다른 과목 수업 들어가기 전에 앞의 과정을 반복한다면 얼마 지나지 않아 놀라운 경험을 하게 될 것이다. 공부나 책 읽기가 별것 아니라고 재인식되도록 하라. 공부나 독서가 쉽고 재미있다는 시나리오로 저장하는 것이다.

"책장 넘기는 것 정도야 너무 사소해서 너무나 쉬운 걸!"

처음부터 끝까지 책장을 빠르게 넘기자. 우뇌는 속도와 반복 없이는 결코 깨어나지 않는다. 어린아이가 그림책을 보듯 책장을 최대한 빨리 넘겨야 우뇌가 활성이 된다. 느리면 안 된다. 모르는 단어가 있어도 멈춰서 찾아보지 말고 마지막 페이지까지 책장만 넘기도록 하자. 이것은 다음 시간에 배울 공부를 위한 우뇌 활성 준비운동이며 교과서 한 권이 통으로 기억되어 가는 과정이다. 단 애써 외우려 하지 말고 무심한 듯, 스치는 듯 반복해서 책장을 넘겨보자.

"처음에는 의미 없이 책장을 넘기는 것이 답답했는데 그래도 계속 책장을 척척 넘기기를 반복했더니 어느 날 교과서가 머릿속에 통째로 들어가 있더라구요. 오늘은 ○○을 배울 거라고 선생님이 수업을 시작하는 순간 머릿속에서 그 페이지가 촤~악 펴지면서 내용이 기억났어요. 제 머릿속에 교과서가 다 들어 있어서 수업시간마다 머릿속에서 교과서가 먼저 펴지기 때문에 교과서 한 권이 그림책처럼 페이지마다 이미지가 다 떠올라요!"

중학생의 사례다. 특히 여학생들은 급속도로 좌뇌가 우세해지기 때문에, 학년이 올라갈수록 정보 처리 속도가 느려지면서 학습량이 많아지면 힘들어한다. 여학생일수록 교과서 책장 넘기는 것을 더 많이 해야 한다. 가끔 그 미션을 하는 학생들이 주변을 의식해서 어려워한다. 친구들이 응원보다는 별난 사람 취급을 하기 때문이다. 그러면 "아, 나 요즘 눈이 나빠져서 눈 운동 하는 거야."라고 말하면 된다. 사실 시근육이 강화되기 때문에 실질적으로 눈이 좋아지기도 한다.

머리 아프게 분석하고 해석하라는 것도 아니고 그저 책장만 넘기라는 것이니 이해 안 되는 미션이라고 생각되더라도 일단 해보자. 오늘 수업했던 과목의 교과서로 우뇌 활성 훈련을 잠자기 전에 한 번이라도 넘기기만 한다면 예복습을 할 필요도 없다. "아~ 지난 시간 수업 내용이 이거였구나. 그리고 오늘은 이런 내용을 배우게 되는구나." 하고 익숙해진 상태에서 수업을 듣게 되면 학습 효과는 백배다.

또한 학년이 지난 교과서라도 버리지 말고 보관해 두자. 그리고 최소 전체 학년의 주요 과목 교과서는 미리 사서 책장에 꽂아두고 학년을 넘나들며 책장을 넘겨보자. 교과서는 최고의 공부 비밀병기다.

책장 넘어가는 소리가 들리는 대한민국의 학교를 상상해보라. 단 1분이라도 시도해보자. 우뇌가 가진 복사의 힘은 공부나 책 읽기가 지루하고 어려운 것이라는 선입견을 없앤다. 공부나 책 읽기의 목적은 결국 기억이다. 이 암기가 가볍고 쉬운 반복으로 가능하다는 것을 알게 되면 공부와 독서가 즐겁고 만만해진다. 책장을 넘기는 미리보기가 우뇌 공부 습관을 만들고 수업에 몰입할 수 있게 만들어 준다.

교과서 책장 넘기기를 했다면 수업시간에 유난히 잘 들리고 이해가 쉽게 될 것이다. 그리고 신기하게도 모든 교과서가 연결된 것처럼 뇌가 플랫폼 역할을 해줄 것이다. 우뇌는 링크 뇌다. 그리고 책장을 넘기다 보면 신기하게도 아는 것과 모르고 있는 것에 대한 경계가 분명해진다. 최고의 메타인지 학습이 저절로 될 것이다.

통째로 기억하게 하는 교과서의 목차 리스트!

아이도 부모도 목차 리스트를 만들어보자. 목차만 복사해서 클리어 파일에 넣는 것도 좋다. 목차는 단순히 단원의 순서를 소개하는 것이 아니라 무엇이 중요한 것인지를 알려주는 이정표다. 그리고 무엇보다 우뇌 활성에 가장 좋은 수단이기도 하다. 목차는 교과서라는 산을 한눈에 파악할 수 있게 해준다. 곳곳에 어떤 것들이 있는지 하나하나의 나무까지도 전체 한눈에 들어오게 된다. 목차를 사랑하다 보면 목차들이 자꾸자꾸 메시지를 준다. 사사로운 것에 매몰되지 말고 중요한 것들이 무엇인지 핵심을 파악하도록 도와준다.

공부를 열심히 해도 좋은 결과를 기대할 수 없는 방법으로 한다면 아무리 시간을 투자하고 애써도 결과는 마찬가지다. 공부를 잘하는 사람은 무엇이 중요한 핵심인지를 먼저 파악하는 능력이 있다. 우뇌형 인재들은 버릴 것은 버리고 집중해야 하는 것에 집중할 줄 아는 판단능력이 있다. 한마디로 직감이라고 말하는 '촉'이 살아 있다. 하지만 이런 감각은 마음먹고 노력한다고 가능한 것이 아니라 두뇌의 틀이 결정되는 시기에 어떤 환경에 노출시켰느냐가 두뇌 성격을 결정한다.

어려서부터 글자 하나하나에 의미를 두고 분석하며 공부하는 사람은 학년이 올라가고 정보의 양이 많아지면 감당을 못 하고 결국 포기한다. 두뇌의 틀이 만들어지는 시기에 좌뇌적 환경에 노출이 되다 보면 평생 두뇌의 틀은 그 통로를 통과하기 때문에 당연히 목적지나 성과는 다르다. 정보 처리가 빨라야 하고 양이 많아지면 좌뇌는 스트레스를 받는다.

공부 지옥에서 벗어나는 처방전은 여러 가지가 있겠지만 먼저 교과서의 목차 리스트를 만들어 목차와 친숙해지도록 반복해서 보고 소리 내어 낭독해보자. 마치 친해지고 싶은 친구의 이름을 부르듯 말이다.

① 목차 리스트를 클리어 파일에 넣는다.
② 해당 학년의 모든 과목의 목차 리스트를 하나의 클리어 파일에 넣는다.
③ 하루에 한 번, 첫 페이지부터 마지막 과목까지 목차 리스트를 쓰~ 으 훑어본다.
④ 다음 날 수업 과목은 소리 내서 읽어본다.
⑤ 전체 과목의 목차가 통으로 기억되는 경험을 하게 된다.
⑥ 시험공부를 할 때 해당 목차를 보고 셀프테스트를 해본다.

⑦ 내용이 생각나지 않을 경우에는 해당 교과서의 페이지를 펴서 즉시 확인한다.

⑧ 목차를 보고 내용이 술술 입에서 나오게 되면 핵심단어를 요약 노트에 적는다.

⑨ 정리된 단어를 보고 비엔나소시지가 줄줄이 엮여 나오듯이 제시된 단어에 내용이 기억된다.

⑩ 학년이 지나도 이 파일을 꽂아 두고 기억훈련을 한다.

⑪ 전체 교과서 목차를 보면 과목의 경계를 넘어 창의적 아이디어를 얻게 된다.

⑫ 초등 때부터 학년별 목차 리스트가 책상 앞 책꽂이에 꽂혀 있도록 하고 절대로 지난 교과서를 버리지 말자.

⑬ 교과별 핵심노트를 정해놓고 학년이 올라가도 이어서 정리하게 되면 나만의 백과사전이 만들어지고 보물 1호가 된다.

조선시대 왕세자 교육에서 스승과 왕세자의 대화 내용은 반복을 강조하고 있다.

"배운 내용을 하루에 몇 번씩 읽으십니까?"

"새로 배운 것은 30번, 전에 배운 것은 20번 읽습니다."

"새로 배운 것은 60번, 전에 배운 것은 40번 읽으십시오."

경서가 아닌 교과서쯤이야 쉽지 않겠는가? 교과서가 머리에 통째로 들어올 때까지 '반복'해서 책장을 넘기자. 반복해야 '해마'에서는 중요한 정보로 인식해 장기기억으로 저장한다. 명심하라. 기억할 때까지 반복하지 않는 수고는 모두 쓰레기통으로 버려진다. 저장된 정보가 많아야 좌뇌가 스트레스 없이 새로운 정보를 반갑게 받아들이며 지력을 넓혀 갈 것이다.

이 모든 것은 공부를 위한 준비운동이다. 공부라는 먼 길을 가야 하는데 어디로 갈지, 가는 길에 어디를 경유할지도 모르고 무작정 눈앞만 열심히 갈 일은 아니다. 이제 우뇌를 활용하는 공부를 해보자. 우뇌는 전체를 파악해서 지도를 그려주고 미리 알려주어 충분히 준비할 수 있도록 한다. 우뇌는 결국 효율적인 전뇌를 사용할 수 있도록 하는 준비운동이다.

각 교과서의 목차를 복사해서 클리어 파일에 넣어두고 수시로 보기를 권한다. 적어도 내 아이가 어떤 공부를 하는지 알게 되면 아이와 소통할 거리도 많아질 것이고 분명히 아이를 도울 방법이 보일 것이다.

목차를 갖고 아이를 테스트하라는 것이 아니다. 예를 들어 과학 교과서나 목차를 보고 내 아이가 어떤 실험을 하고 어떤 과학 논리를 배우는지 알게 되면 일상생활 속에서 자연스럽게 연관시킬 수 있을 것이다. '공감'이란 특별한 이벤트로 가능한 것이 아니라 매순간 생각을 공유하고 같은 눈높이로 인식하는 것이 많아지면 자연스럽게 '소통'으로 연결된다.

"학교 숙제 했어?" "학원 숙제 했어?" 이런 의미 없는 질문보다 "이쯤이면 굴절에 대해 실험을 할 것 같은데 어려운 것은 없니?"라고 대화한다면 아이는 어떤 감정을 느낄까? 아이가 어려워할 수도 있는 마음을 알아주는 데 '교과서'는 매우 유용한 소통 도구다.

그리고 교과서와 연관된 책이나 실험도구를 선물한다든지 주말에 가족이 모여서 비슷한 실험을 해본다든지 활동할 수 있는 많은 아이디어를 주는 것도 '교과서'다. 나는 대한민국의 아이들과 부모가 우리의 소중한 교과서에 좀 더 관심을 갖고 선행학습을 생각한다면, 상위 학년의 교과서를 미리 구입해놓고 목차와 친숙해지는 연습을 먼저 해야 한다고 생각한다. 여러 가지 학습 아이디어가 떠오를 것이고 교과서를 놀이처럼 책장을 넘기며 훑기를 하다 보면 생각지도 못한 보석들이 파닥이는 물고기처럼 튀어 오른다. 우뇌는 그렇게 각각 흩어져 있는 모든 정보를 하나의 바다에 넣고 필요에 따라 연결하고 창조하는 뇌다.

교과서가 내 아이와 친숙해질 수 있도록 부모가 돕는다면 우리 아이의 공부 체력이 탄탄해질 것이다. 기초 체력도 없는 아이를 학원으로 패드 학습으로 제발 내몰지 말자.

6.

영어 영재로 만드는
엄마표 우뇌 영어 교육법

어릴 때부터는 OK! 좌뇌식 학습은 NO!

유명한 영어유치원에 들어가기 위한 4세 고시가 생겼다는 뉴스를 접하게 되는 현실이다. 강사만 30여 명이 된다는 대형 학원 원장님이 4세 영재반에 들어오려면 임신 때부터 예약해야 가능하다며 학원 운영 노하우를 말씀하시는데, 대단하다는 존경심과 함께 충격을 감출 수가 없었다. 나 역시 사교육 현장을 너무나 잘 알고 있지만 임신 때부터 예약할 만큼 대단한 교육열의 대한민국에 다시금 놀랐다.

사실 어른들의 우려와는 달리 아이가 어리다고 학습 자체가 무리가 되는 것은 아니다. 그러나 아이들의 두뇌에 최적의 환경은 부모가 있는 가정이다. 어떤 기관에 의존한다는 것은 생각해 볼 문제다. 내가 지금까지 만난 탁월한 인재들 중 어떤 학원이나 기관에 다녀서 우수해졌다는 사례는 거의 없다. 그런 기관이 전혀 소용없다는 것이 아니라 매순간 자극을 줄 가정환경이 우선순위가 되지 않는다면 그런 기관에서 우수한 교육을 받는다 해도 크게 기대하기는 어렵다는 뜻이다. 그렇지 않다면 우리 주변은 온통 영재들로 넘쳐야 하지 않겠는가?

5세 아이들이 영어유치원이나 영재학원에서 하는 학습 수준을 보면 그렇게 놀랄 정도의 수준은 아니다. 우리 선조들뿐만 아니라 저명한 위인들 중에 5세 이전에 모국어 외에 5개 국어나 그 이상의 언어를 한 사람은 많다. 조선시대 박지원은 7개 국어에 능했다고 한다. 중세나 근대의 문헌에도 놀라운 내용은 얼마든지 있다. 현재 5세 아이가 영어유치원을 가기 위해 4세 고시반에 들어가 영어학습을 하는 것 자체는 그리 과하거나 놀랄 일은 분명 아니다. 진짜 큰 문제는 뇌 발달을 고려하지 않는 무리한 '좌뇌 학습 방법'에 있다.

6개 국어나 9개 국어에 능통했던 천재적인 사람들의 학습방법은 지금 우리 아이들의 방법과는 전혀 달랐다. 하나하나 비교하며 매번 단어 테스트를 거치고 의미를 파악하지도 못한 채 읽기에 바쁘고 철자를 기억해 빈칸을 채워야 하는 혹독한 좌뇌 학습은 분명 아니었다. 웹스터의 부모는 작정하고 6개 국어를 동시에 들려주기 위해 일하는 사람도 각각 다른 언어를 사용하는 사람들을 고용했다. 웹스터가 6개 국어를 습득하는 일이 전혀 힘들지 않았다고 전하고 있다. 헤르만 헤세는 유년기에 5개 국어에 능통한 할아버지로부터 훌륭한 시인들의 시나 고전을 다국어로 들으며 살았다. 그 어디에도 4세부터 파닉스를 배우고 단어 시험을 보고 읽기 테스트를 통과하느라 곤욕을 치렀다는 기록은 없다. 다만 그는 할아버지 서재에서 놀았던 추억을 가장 행복하게 기억하고 있으며, 서재를 기꺼이 허락해준 할아버지에게 늘 감사했다고 한다.

영어유치원보다 집안 환경이 더 중요하다

영어유치원이 무익하거나 해롭다는 것이 아니다. 그런 환경에서 스트레스 없이 영어놀이터가 되려면 미리 부모가 영어와 친숙해지도록 환경을 제공해야 한다. 그렇지 않고 무작정 아이들을 생소한 영어 세상으로 밀어 넣게 되면 영어 천재가 될 수 있는 언어 천재성 100%인 아이들을 애써 보통의 아이로 만들고 마는 꼴이 된다.

부모 교육 강의를 하다 보면 무수히 많이 받는 질문이 "영어유치원에 보내도 될까요?"란 질문이다. 나는 아이가 영어환경에 충분히 노출되어 영어 음과 모국어 음을 구분하지 않고 좋아한다면 보내도 된다고 말한다. 모국어만큼의 노출은 아닐지라도 적어도 태교부터 영어를 들려주거나 노래를 불러주고 출생 후에도 한국어 책이나 영어 책을 구분하지 않고 노출했다면 아이는 영어유치원에 가도 스트레스 없이 즐거운 영어놀이터가 되어 영어 실력이 향상될 것임을 알기 때문이다.

모국어를 배우는 패턴을 활용하라

요즘 특히 빅데이터 시대라고 하지 않던가? 내 아이의 언어환경을 데이터화 해보면 내 아이가 영어유치원에 가서 놀이터가 될 것인지 영어감옥이 될 것인지를 모를 수가 없다. 충분한 준비 없이 낯선 영어환경에 무작정 넣게 되면 무엇보다 정서적인 문제로 힘들어하는 경우를 많이 보게 된다. 영어교육만을 위한 목적은 아이를 힘들게 할 뿐 아무런 결과도 얻을 수 없게 된다.

모국어에는 3세까지 거의 2만 시간 이상 노출된다. 대한민국에서 태어나 자연스럽게 자란다면 말을 못할 확률은 없다. 이렇게 모국어에 충분히 노출된 아이들은 부모가 특별한 노력을 하지 않아도 언어를 터득하고 유치원에 가서도 별 무리 없이 적응하며 언어에 문제가 없다. 충분히 들었기 때문이다. 여기에서 차이가 생긴다면 부모가 제공했던 어휘 수준에 의한 것이다.

그렇다면 영어도 마찬가지다. 모국어처럼 2만 시간은 아닐지라도 최소 5천 시간은 노출시킨 이후에 영어유치원이나 기관에 보내기를 권한다. 그리고 영어유치원에 가더라도 지속적이고 반복적인 듣기 환경에 충분히 노출되어야 부작용이 없다. 아쉬운 것은 기관의 커리큘럼은 레벨이 정해져 있고 지극히 쉬운 단계부터 순차적으로 학습해 간다는 것이다. 매달 새로운 내용으로 바뀌고 지난 것을 지속 반복하는 시스템은 아니다. 우수한 영어 두뇌를 만들기 위해서는 대량의 정보라도 듣고 본 것을 기억하도록 매일 반복에 반복 환경을 지속시켜줘야 한다.

"모국어를 완벽히 하고 나서 영어를 해야 하지 않나요?"란 질문 역시 많이 받는다. 그런 질문을 받을 때마다 "어머니는 모국어를 완벽히 하고 영어를 배웠으니 잘하시나요?"라고 웃으며 반문한다. 대체적으로 모국어에 문제가 생기는 경우는 정서적인 문제나 양육 환경에 원인이 있지 영어 자체가 문제가 되지는 않는다. 임신 때부터 한국말은 거의 들려주지 않고 오직 영어로만 양육한다면 100%로 그 아이는 모국어 습득에 문제가 생긴다.

영어를 2만 시간 정도 듣는 동안 한국어를 거의 해주지 않으면 한국에 살아도 한국말을 못하게 된다. 당연한 이치다. 그리고 영유아기부터 디지털에 노출시키거나 모국어든 한국어든 유튜브 등 영상채널로 배우라고 방치한다면 가장 빨리 뇌가 망가지고 언어에 문제가 된다.

30년 전에도 이런 질문을 수없이 받았는데, 30년 동안 내가 만난 아이들 대부분은 영어 노출이 늦어져 오히려 어려움을 겪게 된 경우가 훨씬 많았다. 영어를 빨리 해서 모국어 습득에 문제가 생길지도 모른다는 우려가 현실이 될 확률은 거의 없다. 어떤 문제든 양육 태도와 환경의 문제일 뿐이다. 영어는 죄가 없다. 오히려 모국어와 구분하지 않고 노출시켜 주었던 극소수의 아이들만이 영어로부터 자유로워질 수 있었다. 30년이 지난 지금도 이런 질문을 받게 된다는 것이 몹시 답답하고 안타깝다. 가끔 예능 교양 프로그램에서 다국어를 사용하는 아이들이 나와서 아무런 어려움 없이 몇 개 국어를 사용하는 것을 보면서 부모들이 가지는 질문에 '답'이 되리라 생각한다.

그 아이들이 다국어를 배우려고 먼저 학원을 가거나 조기 입시반에 들어가지 않았을 것이고 읽기를 강요당하거나 테스트를 받는 일은 더더군다나 없었을 것이다. 부모가 사용하는 언어를 그대로 스펀지처럼 흡수했을 것이다. 언어는 노출 빈도수에 따라 우선순위로 습득해가는 것이고 모국어를 완벽하게 습득한 이후에는 말 그대로 모국어는 딱 1개만 가능하다. 하지만 이 시기에 다양한 언어를 노출해주면 한국어뿐만 아니라 그 이상의 다양한 언어를 모국어로 갖고 성장하게 된다. 이왕이면 내 아이의 모국어가 1개가 아니라 여러 개의 모국어 능력이면 아이 미래에 이롭지 않겠는가?

대학에서 영어를 강의하는 M의 엄마가 부모 교육에서 성인영어는 어떻게 가르쳐야 하는지를 알겠는데 영유아 시기에는 어떻게 해야 할지 모르겠다며 도움을 요청하셨다. 적어도 자기처럼 영어를 지독하게 공부시키고 싶지 않고 영어를 좋아하는 아이로 키우고 싶다는 것이었다. 나는 당연히 성인영어나 그동안 엄마가 배운 영어 방식으로는 이제 2개월 된 아이에게는 맞지 않고 우뇌 발달에 맞는 방법으로 모국어 습득 패턴대로 하면 된다고 알려 드렸다.

내 아이를 영어 영재로 만드는 '엄마표 우뇌로 영어 활용법'
– 영어는 반드시 체계적인 구성으로 되어 있는 전문 교재를 준비하자

① 영어도 듣기가 최우선이다. 1일 최소 3시간~4시간은 노출해야 시간의 임계량을 채울 수 있다(최소 5,000시간 이상 누적 듣기 필수).

② 픽션과 논픽션의 스토리를 균형 있게 들려준다. 초급, 중급, 고급 수준으로 갖춰진 교재를 미리 준비하자.

③ 고급 수준의 스토리 음원은 (최소 30권 이상) 매일 듣기용으로 흘려 듣기를 한다. 하루에 30권에서 50권이면 너무 과하지 않을지 생각이 들겠지만 결코 과하지 않다. 항상 음부터 끝까지 전체를 1회 기준으로 통으로 들려주자. 결코 많은 내용이라고 생각하지 말고 클래식을 듣는다고 생각하자. 24개월 이전이라야 흘려듣기 효과가 크다.

④ 가능하면 일정한 시간대에 음원을 틀어놓자. 영어 음원을 틀어 놓았다고 반드시 영어책을 고수할 필요는 없다. 돌아다니거나 다른

놀이를 하고 있어도 상관없다. 무엇을 하든 듣기를 거부할 아이는 없다.

⑤ 고급 수준은 꾸준히 전체 듣기를 하고 초급이나 중급 스토리 북은 자유롭게 읽어준다. 요즘엔 펜 기능이 있어서 페이지를 찍으면 음원이 나오기 때문에 엄마가 꼭 읽어주지 않아도 괜찮다. 대신 함께 호응해줘야 한다.

⑥ 아이에게 펜을 맡겨서 무작위로 여기저기 펜 찍기 놀이로 전락하지 않도록 펜은 아이에게 맡기지 말자. 어느 정도 읽기에 관심을 가진 연령이 되면 직접 찍으면서 음을 변별하도록 하자.

⑦ 책은 마찬가지로 먼저 제목에 익숙해지도록 책표지를 반복해서 보여주자.

⑧ 교재에 해당하는 플래시 카드가 있다면 50단어씩 카드 박스에 분류해서 1주일에 한 박스씩 돌아가면서 일정한 패턴으로 반복하며 시지각 훈련을 한다. 카드는 아이에게 맡기지 않고 보여주고 반드시 제자리에 올려놓는다.

이 패턴으로 영어적 환경을 주게 되면 먼저 아이는 들려준 음을 기억하게 된다. 최소 모국어의 침묵기가 생후 24개월까지인 것처럼 의미를 파악하는 언어중추 베르니케가 발달하는 동안에는 그저 어떤 기대도 하지 말고 들려주고 보여주고 재미있는 놀이경험으로 인식시키자. 그러다 보면 자연스럽게 들었던 음을 아이가 따라 하게 되는 시점에서는 본격적으로 집중 듣기를 시키면 된다. 집중 듣기는 묵독으로 음원에 맞춰 책을 보게 하면 된다. 이 과정으로 더 익숙해지면 음원을 따라 모방하는 낭독을 시켜도 자연스럽게 하게 된다. 낭독할 때쯤이면 아이는 억지로 단어를 배운 적이 없지만 전체 스토리 북의 모든 단어의 의미를 알고 심지어는 이미지로 스펠링까지 기억해버린다. 발음은 절대음감으로 배우기 때문에 거의 원어민처럼 정확하다. 음으로 습득해버리는 이 시기는 분명히 마법사가 아이들 뇌에 살고 있는 것처럼 느껴진다.

2개월 아이였던 M은 벌써 초등학교 5학년이다. M은 여전히 항상 전체를 파악하는 것을 중요시하는 우뇌 학습을 진행하고 있다. 엄마의 잣대로 아이의 수준을 제한하지 않는다. 그리고 반드시 기억할 때까지 반복하는 것이 몸에 배어 있어서 다른 과목의 공부도 그렇게 자율적으로 하고 있고 유일하게 다니는 곳이 영어 도서관이다. 웬만한 독서는 원서로 하고 있고 학원은 체육과 음악학원이 전부다.

M의 엄마는 아이가 클수록 우뇌 능력이 어떤 것인지를 실감한다면서

우뇌이론을 더 맹신할 걸 후회된다면서도 이런 정보를 아기 때 알 수 있도록 해줘서 고맙다는 인사를 자주 한다. 적어도 자기처럼 지겹게 영어와 사투를 벌이지 않고 자유롭게 영어를 모국어처럼 사용하는 아이를 보면서 다행이라고 웃는다. 사실 영어 사례는 한 권의 책으로 수록해도 부족할 만큼 많다. 이런 경험이 나를 우뇌 전도사로 만들었을 것이다. 작은 틀을 깨면 더 크게 보인다.

우뇌로 영어, 우뇌로 학습 목적은 이미 타고난 잠재능력을 발휘할 수 있도록 돕는 준비 운동이며 뇌가 행복한 아이를 위한 부모의 현명한 처방전이다.

세계를 움직이는 힘,
유대 교육의
고차원 우뇌 교육 환경

우뇌 하면 유대 교육을 말하지 않을 수 없다. 세계 각국의 유명 인사들 중 유대인이 차지하는 비율은 매우 높다. 정치 · 경제 · 문화 · 미디어 등 세계의 주요 산업과 발전의 중심엔 늘 유대인이 있다. 이런 유대 민족은 선조들의 학습법을 무려 3,500년 가까이 대대로 이어오고 있다.

한국의 부모들이 가장 모방하고 싶은 교육이 유대 교육이라고 한다. 하지만 사실 유대 교육은 조선시대 왕세자 교육과 흡사하다. 어린 시기에 시작한다는 것, 어려운 경전을 통으로 외울 때까지 반복한다는 것, 무엇보다 소리 교육이다. 큰 소리로 낭독하고 몸을 흔들며 온몸으로 익히게 한다. 우뇌는 리듬 뇌다. 몸을 흔들며 경전을 외우는 행동 자체가 우뇌를 춤추게 한다.

우뇌가 발달하는 시기의 아이들은 내용과 상관없이 리듬감만 있으면 몸부터 흔든다. 리듬 속에 기적의 힘이 있다. 우리 선조들의 교육법은 근대화의 물결과 일제강점기를 지나며 사라졌지만, 유대인들은 3,500년 전 교육을 그대로 이어오며 세계를 선도하고 인류에 기여하는 중심에 있다. 유대 교육에서 이를 4차원 영재학습이라 한다.

지금 우리나라에서는 선행학습이 잘 되면 영재반에 입성하고, 영재라는 인정을 받는다. 우리의 교육은 100% 1차원 교육(학교 교육)만 시킨다고 『하브루타식 4차원 영재교육의 비밀』 현용수 저자는 말한다. 유대인은 IQ 개발교육인 슈르드 교육과 지혜 교육에 80%를 할애하고 1차원 교육은 굳이 하지 않는다. 슈르드 교육(3차원)은 두뇌가 좋아지는 영재교육이라면 지혜 교육(4차원)은 삶의 문제를 해결하는 지혜를 갖게 하는 교육이다.

　아인슈타인, 카를 마르크스 및 프로이트의 공통점은 유대인 아버지의 4차원 영재교육을 받았다는 것이다. 앞서 말한 칼 비테나 이율곡 그리고 존 스튜어트 밀이나 괴테, 조선 시대 왕세자 교육은 모두 4차원 교육이다.

(참고 : 〈woman donga〉 "세계를 움직이는 유대인 교육법", 김유림 기자)

Chapter 5.

미숙한 엄마에서
우뇌 교육 전문가가 된 이야기

RIGHT BRAIN
REVOLUTION

RIGHT BRAIN REVOLUTION

1.

사랑하는 아이를
지켜만 볼 수 있는 용기

엄마로서의 무지를 깨닫고, 아이로부터 배우다

내가 어디에서 무엇을 하든 내가 품고 사는 가치는 '부모 교육'이다. 이렇게 부모 교육 전문가의 길을 가게 한 나의 스승은 내 딸이다.

36년 전, 나는 준비 없는 엄마였다. 정말 어쩌다 어른이라는 말처럼 어쩌다 엄마가 되었다. 그리고 아이는 그저 다 알아서 크는 줄 알았다. 일 때문에 아이를 일주일에 한 번밖에 보지 못하는 상황이었지만 시부모님의 극진한 보살핌이 있었으니 별다른 걱정을 하지 않았다. 오히려 매일 아이를 보지 못하는 내 아픔이 컸기에 아이가 더 힘들 것이라는 생각을 미처 하지 못했다. 더군다나 떨어지지 않으려는 아이에게 늘 거짓말을 했다. "엄마, 금방 슈퍼 갔다 올게." 하면서 몰래 사라지기를 반복했었다. '아직 어리니까.', '어린데 뭘 알겠어?'라는 무지가 출생하자마자 인큐베이터에서 생사의 고비를 넘나들면서 유난히 예민한 기질을 갖고 태어났던 내 아이에게 얼마나 큰 정서적 불안과 공포를 주었을지 생각지도 못했다. 가장 중요한 애착을 형성할 시기에 가장 불안한 환경을 주게 된 것이다. 당시에는 대부분 7세가 되어 유치원에 가는 것이 일반적이었지만 나는 아이가 5세 때 유치원에 보냈고, 시간이 갈수록 예민해지는 아이를 곁에 두고 싶어 함께 지내기 시작했다.

하지만 얼마 지나지 않아 선생님으로부터 내 아이의 유치원 생활이 꼼꼼히 적힌 편지를 받게 되었다. 불러도 쳐다보지 않는 아이, 하루 종일 지정 장소에 앉아 내키지 않으면 움직이지도 않는 아이, 말보다는 소리를 질러 감정을 나타내던 아이, 어떤 활동을 해도 구석에서 보기만 할 뿐 참여하지 않는 아이. 이런 내 딸을 보고 용기를 내준 선생님은 매일 아이 가방 안에 하루 관찰일지를 적어서 보내주었다. 나는 그 노트에 집에서 일어나는 일상을 적어 선생님과 소통했다. 그런 선생님을 만난 것은 생애 가장 큰 행운이었다. 내 딸과 내 인생 통틀어 최고의 스승이자 은인이었다. 만약에 선생님이 있을 법한 일로 치부하고 가볍게 넘겨버렸다면? 그저 유치원에 적응 못 하는 아이로 열외시키고 관심을 주지 않았다면? 나 역시 내 아이의 내면의 메시지를 영영 듣지 못했을 것이다. 생각할수록 아찔하다. 긴긴 편지로 사실을 알려준 선생님의 '소신'과 '용기'는 나와 내 딸에게는 더 없는 선물이었다.

그 이후 나는 아이를 더 세심하게 관찰했고 발달 관련 전문서적을 읽고 복지 센터 등을 다니면서 도움을 받았다. 이 과정은 나의 무지를 깨닫게 해주었다. 생애 가장 중요한 발달 시기에 이유야 어쨌든 제대로 양육하지 못하고 방치한 셈이니, 앞으로 30년은 세상의 어떤 잣대도 들이대지 않겠다고 잠든 아이 귀에 대고 맹세했다. 그때 그 마음이 얼마나 비장했는지 지금도 어제 일처럼 생생하다.

그해 아이 문제가 급박했던 상황에서 불행하게도 예기치 않은 사고로 남편과 사별해야 했다. 남편 사후 가장으로 생계를 걱정해야 했던 상황이었지만 아이에 대한 고민이 가장 컸기에 시부모님의 반대에도 모든 것을 정리하고 영유아 관련 책을 판매하는 회사에 입사했다. 이런 결정을 하는 과정에서 나는 적지 않은 금전적 손해를 감수해야 했지만 과감히 그런 결정을 할 수 있었던 것은 교육 일을 하면 아이에게 도움이 될 것 같은 기대 때문이었다. 일하는 틈틈이 부모 교육이나 아이 발달에 대한 책을 읽었다. 흔들리는 만원 버스에 서서도 읽고, 무슨 사이비 종교에 빠진 것처럼 잠을 줄여가며 관련 도서들을 탐독했다. 그럴수록 엄마로서의 무지를 깨달을 수 있었고 막연함이 사라지고 조금씩 아이와 나 자신을 믿을 힘이 생겼다.

가능하면 자유롭게 또래 친구들과 함께 잘 어울릴 수 있도록 갖가지 이벤트를 했지만 행여 또래 엄마들을 만나게 되면 다른 아이들과 비교하는 마음이 생길까 봐 아예 접촉하지 않았다. 또래 엄마들과 소통하지 않으면 큰일 날 것 같지만 사실 불필요한 정보에 휘둘리지 않고 오히려 내 아이의 자존감을 키우는 데 방해되지 않아서 좋은 점이 훨씬 많다.

당시 삼촌들 외에 조카들까지 5~8명의 대식구로 살게 되어 늘 북적북적했으며, 집에는 때때로 더 많은 사람이 오갔다. 삼촌들과 함께 거의 매일 엄청난 에너지를 써야 하는 축구, 야구, 씨름 등 과격한 운동을 할 수 있었고 때론 장난기 많은 삼촌들의 심심풀이 대상이 되어 티격태격 악을 쓰고 소리 지르고 울며 거침없는 감정표현을 할 수 있는 기회가 많게 되었다. 지금 생각해도 어디에도 없을 최고의 놀이 환경이었다. 주말이면 삼촌 친구들까지 모여 함께 야외를 가거나 사람들 속에서 부대낄 기회를 일부러 만들기도 했다. 무엇보다 이런 환경 덕분에 아이는 아빠의 빈자리를 크게 느끼지 않을 수 있었으리라. 지금도 생각할수록 그런 환경이 얼마나 고맙고 다행스러운 일이었는지 모른다. 가족이라는 원 중심에 아이를 두고 울타리가 되어 준 것이었다.

가족과 생활하다가 일어나는 다양한 문제를 해결하고 적응해가는 과정에서 갖가지의 감정을 마음대로 표출하게 하는 것 자체가 감정해독제라고 생각했다. 웬만한 상황이라면 개입하지 않고 두고 보았다. 나는 아이에게 문제가 될 것들을 치워주기보다 일부러라도 더 많은 문제 상황을 만들었다. 그리고 그것을 해결하는 경험을 통해 단단해지도록 갖가지 궁리를 했다.

"아이고, 한 대 때려부러. 말로는 안 되것구만."

"그리고 내비 두고 있다가는 버르장머리 없는 사람밖에 더 되겠어? 쯧쯧."

"버릇 좀 잡지."

"뭔 가시내가 저리도 나댄다냐 날마다 성한 디가 없구만."

"왜 대꾸도 안 한대?"

"왜 안 쳐다본대?"

"뭔 고집이 저리도 쎄다냐."

아이와 동행하는 곳에서 한마디씩 듣게 되는 말이었다. 하지만 나는 아랑곳하지 않았다. 아니 어쩌면 나는 더 부추기는 상황을 만드는 엄마였다. '더 크게 소리 질러! 더 화내고 마음껏 울어버려!' 마음속으로 바랐다. 왜냐하면 아이가 자꾸만 감정을 참고 숨기려 하는 모습은 임신 내내 감정표현을 못 하고 가족들을 피해 화장실 변기에 앉아 소리도 못 내고 눈물만 뚝뚝 흘렸던 내 모습과 똑같았기 때문이었다. 모두 너무나 잘 해 주셨지만 시부모님, 시고모 내외와 조카랑 함께 생활니 낯설고 어려울 수밖에 없었다. 완벽하고자 했던 성격 탓에 부엌일을 도우려 시어머니보다 더 먼저 일어나서 새벽 4시부터 내내 긴장한 채로 하루를 보내면서 불안감과 우울감이 심했었다. 물론 결코 내색하지 못한 채 그렇게 소리 없이 눈물만 흘렸다. 태내 환경이 생후에도 보이지 않는 탯줄이 되어 가장 중요한 감정의 뇌를 관장한다는 것을 그때는 몰랐다.

아이의 감정에 개입하지 않고 충분히 지켜보기

유치원 선생님의 편지로 적지 않은 충격을 받았었지만 그때부터 시작된 '어떻게 하면 내 아이를 행복하게 할 수 있을까?'란 하나의 질문이 향후 30년을 그 어떤 잣대도 들이대지 않겠다던 무언의 약속을 하게 만들었고, 그러기 위해서는 마음먹는 일로 그치지 않을 작전이 필요했다.

첫 번째 작전은 '먼저 충분히 지켜 볼 용기'였다. 웬만한 상황은 개입하지 않고 지켜봄으로써 아이 스스로가 자신의 감정을 정확히 읽게 했다. 내 체면 때문에 아이의 감정을 억누르거나 제한하지 않아야 한다는 원칙을 구구단 외우듯이 내 의식에 주입하곤 했다.

나는 아무리 울고 소리를 질러도 무작정 요구한 것은 들어줄 수 없다는 규칙을 미리 정하고 아이와 손가락을 걸었다. 아이는 시시때때로 분이 안 풀리면 몸을 부들부들 떨며 자신의 머리카락을 쥐어뜯고 살을 꼬집으며 매서운 눈으로 째려보곤 했다. 그런 모습을 보게 된 가족이나 지인들이 하는 충고가 앞에서 말한 한마디들이었다. 하지만 나는 무던하다는 핀잔을 들으면서도 내 아이 문제는 가족 그 누구라도 개입하거나 간

섭하지 못하게 경계를 분명히 했다. 아이는 온전히 내 몫이었다. 나는 내 아이에게 그 누구라도 함부로 개입하는 것을 절대로 허용하지 않았다. 위험하거나 남에게 피해를 주는 일을 제외하고는 웬만한 상황에서는 아이를 제지하거나 야단치지 않았다. 사람들 눈에는 아이를 방임하는 것처럼 보였을 것이다. 하지만 일어나는 모든 상황을 통해서 오히려 아이의 감정들을 표출하게 하는 것이 나의 작전이었다.

"그래, 다 퍼부어라. 온전히 그 감정과 만나고 나면 불안이 아닌 안정으로 채워갈 수 있을 테니까."

어른도 실컷 울거나 양껏 감정을 쏟아 내고 나면 후련해지고 비로소 이성적 사고가 가능해지듯 아이도 마찬가지다. 태내에서부터 내재화된 감정이 하루아침에 바뀌지 않기 때문에 불안한 감정들을 다 쏟아 내도록 허용하고 오롯이 그 감정에 공감해줘야 한다. 그 감정을 억제하면 오히려 나중에는 더 심각한 감정 폭탄이 되어 어디서라도 터질 수 있다. 감정이 해소되고 나면 드디어 말이 통하는 아이로 바뀌기 시작한다. 감정의 징검다리를 건너지 않고 이성적인 사고는 어렵다.

매서운 눈발이 날리는 추운 겨울날로 기억된다. "네가 아무리 그렇게 고집해도 그건 엄마가 들어줄 수 없어, 엄마가 충분히 설명했잖아."라는 말에도 집에 들어가지 않겠다고 울며 떼를 썼던 날, 그렇게 서로 마주 보고 서서 버텼다. "엄마가 들어줄 때까지 안 들어갈 거야!"라고 악을 쓰며 고집을 피우는 아이와 마주 보며 "이렇게 억지 부리는 것은 엄마가 들어줄 수 없어, 대신에 엄마가 같이 있어 줄게."라고 말하고 기다렸는데, 후회될 만큼 춥고 힘들었다. 어디서 그런 에너지가 나는지 정말 굳세게 울며 감탄할 만한 끈기로 찬바람을 맞고 버티던 아이의 얼굴과 표정 그리고 오들오들 떨던 파랗게 변해버린 작은 입술과 눈빛이 마음 쓰리게 선명하다. 어린 딸과 기 싸움하는 것 같은 모양새였지만 나는 내가 한 말을 지켜야 했고, 그 순간은 내 아이가 저 밑바닥에 있는 감정의 찌꺼기들을 토해내는 중요한 순간이었다.

사실 아이를 억지로라도 안고 들어가고 싶은 마음이 간절했지만 이 상황을 그저 모면해버리면 또 반복될 것을 알았기에 그럴 수 없었다. 화를 내거나 울어야 할 일이 아닌 작은 상황에서 이렇게까지 감정을 표출할 수밖에 없도록 만드는 깊은 곳에 있는 그 감정의 정체가 뭘까? 미안하고 혼란스러운 마음이었다. 울분을 다 토해내도록 내가 할 수 있는 것은 그저 침묵으로 아이와 마주 서서 바라보고 있는 것이었다.

아이가 "들어갈 거야~"라고 숨을 몰아쉬며 내 품에 달려들었을 때 "힘들었지? 내 사랑, 고생했어."라고 말하면서 번쩍 안고 들어가는데 그냥 눈물이 나왔다. 그 무엇이 이 작은 아이가 이토록 울분을 터트리게 하는 걸까? 안정된 환경을 주지 못했던 엄마 탓인데 미안해서라도 무조건 아이의 요구를 들어줘야 보상이 되는 것은 아닐까? 다시 또 흔들리던 날이었다. 하지만 그날 이후로 신기하게도 그런 순간들이 점점 줄었고 변화의 눈금에 속도가 붙었다.

무조건 사랑하되, 안전한 통제는 필요하다

부모는 목숨을 다해 사랑을 줄 수 있지만 부모가 주는 사랑 주머니에는 무조건적인 허용이 아니라 반드시 '통제'라는 선물이 담겨 있어야 한다. 느리고 더뎌도 조금씩 감정을 조절할 근력을 키울 수 있도록 연습이 필요하다는 것을 알게 되었다.

두 번째 고수했던 나의 작전은 '엄마가 절대로 대신해주지 않는다'였다.

아이를 키우면서 대신해주지 않는다는 것이 얼마나 힘든 일인지 알 수 있었다. 스스로 일어나는 것, 먹는 것, 입는 것, 물건을 챙기는 것 그리고 지각해도 절대로 데려다주지 않는 것과 준비물이나 과제물을 챙기는 것. 이런 일들이 많아지면 부모와 아이 사이에 갈등이 시작된다.

아이는 유난스럽게 산만했다. 움직임이 많다 보니 늘 몸 여기저기에 상처가 나는 날이 많았고 물건을 잃어버리는 선수라고 삼촌들이 놀려댔다. 그럼에도 나는 아이에게 일찍이 돈을 주고 스스로 필요한 것은 목록을 만들어 사도록 했다. 이런 과정에서 돈을 잃어버리거나 필요한 준비물을 사서 담은 가방을 통째로 잃어버리는 등 크고 작은 실수들이 많았다.

예를 들어 학교 가방과 준비물 가방을 들고 현관을 나서면 신발을 신어야 하니까 가방을 바닥에 놓게 된다. 그러다 보면 거의 100%, 한 가지는 놓고 휙 나가버린다. 나는 작정하고 절대로 불러 세우지 않았다. 아이 스스로가 발생된 문제를 인식하도록 해야 실수가 줄어들 것이란 생각 때문이었다. 어떤 날은 바로 뒤돌아와 챙기고 어떤 날은 더 시간이 지나서 돌아와 가져갔다. 아예 되돌아오지 않은 날은 어김없이 담임 선생님께 전화를 드렸다. 그때는 핸드폰이 없었고 각 반에 직통 전화가 있었다. 아이가 준비물을 놓고 갔으니 오늘 그 시간에 벌을 주라고 간곡히 부탁을 드렸다. 모른 척 물어보면 '꿀밤을 맞았는데 너무 아팠다.', '오늘은 복도에 손들고 서 있으라고 했다.', '나만 아무것도 못 하고 친구가 하는 것만 보고 왔다'는 등 충분히 예상되는 이야기를 했다. 아마 선생님이 이상한 엄마라고 생각하셨을 것이다. 굳이 전화해서 아이를 혼내 달라고 했으니 말이다.

유치원에 다니게 된 아이의 머리를 항상 묶어주고 옷을 입혀 등원을 맡아 주던 아빠가 없는 아침은 아이에게도 내게도 빈자리가 느껴지는 시간이었다. 나는 많은 식구의 밥이나 도시락을 챙겨주고 나 출근하기도 늘 빠듯하고 바빴는데, 그런 아침에 아이 머리를 묶어 주며 하나하나 챙긴다는 것이 보통 일이 아니었다. 그래서 아이가 스스로 할 수 있도록 궁리를 한 끝에 아동용 행거를 사고 손거울과 회전용 거울을 크기별로 샀다. 벽에 걸 수 있는 긴 거울도 샀다. 그리고 머리 묶는 다양한 고무줄이나 핀을 바구니 가득 채워서 거울 옆에 두었다. 제철에 맞는 모든 옷을 행거에 걸어주고 옷 아래에는 양말이나 속옷 등 필요한 것을 손쉽게 꺼낼 수 있도록 해놓았다. 아기 때부터 거울 보고 노는 것을 좋아했기에 무척 흥미로워했고 몇 번이고 반복해서 방법을 알려 주고 손거울로 뒷머리나 옆모습을 보는 방법을 알려 주고 연습하도록 했다. 아이는 그 어떤 놀이보다 좋아했고 얼마 지나지 않아 혼자서 할 수 있게 되었다. 유치원생이 스스로 머리를 묶고 옷을 알아서 입고 다니는 경우는 지금도 일반적인 일은 아니지만 아마 당시 유치원에도 유일했을 것이다.

학교에 다니게 되면서도 아침에 일어나서 씻은 후 옷을 마음대로 골라서 입고 머리도 하고 싶은 대로 하고 가도록 했다. 처음엔 정말 말도 안되는 코디를 했다. 제철 옷이 아님에도 꺼내서 입고 가는 것이 다반사였다. 하루에도 몇 번씩 옷을 갈아입고 머리 장신구를 바꿔가며 다녔다. 어떤 옷을 선택하든 다시 내가 교정해주지 않았고 멋지다고 칭찬을 아끼지 않았다. 물론 교정해준다고 해도 결코 "네!" 하고 엄마의 의사를 따를 기질은 아니었다. 나 역시 참견할 만큼 시간적 여유가 없었기에 칭찬할 수밖에 없었을지도 모른다.

초등학교 1학년, 몹시 더운 여름날에 두꺼운 겨울 스타킹을 신고 빨간 털 스웨터를 두르고 나가길래 "더울 텐데? 다른 옷을 입어야 할 것 같아."라고 했더니 눈을 한번 흘기더니 기어이 입고 갔다. 그날 저녁에 한마디 했다. "내일도 그 옷 입고 갈 거야?" 싫다고 했다. 학교에서 너무 더워서 힘들었다는 이야기를 숨도 안 쉬고 쏟아 내더니 그다음 날은 평범한 여름 옷을 입고 갔다. 굳이 엄마가 설득시키거나 이해시키느라 불필요한 감정 개입을 할 필요가 없다. 스스로 경험한 것은 어떤 잔소리나 회초리보다 강하다. 나는 이 사실을 내 아이를 통해서 배웠다.

사실 나는 일하기 바빠 집에서 아이의 귀가를 반갑게 맞이해줄 수 있는 처지도 아니었다. 때문에 혼자 그 엄청난 시간과 공간의 여백을 메꿔주는 데 '거울놀이'는 탁월한 선택이었다. 하지만 엄마 입장에서 보면 말도 안 되는 아이의 옷차림이 많았기에, 아이의 옷차림이 곧 엄마 체면이라는 생각에 회유하고 조정할 수도 있었을 것이었다. 하지만 '엄마가 절대로 대신해주지 않는다'는 작전은 나 자신을 위한 것이기도 했다. 엄마가 정해준 옷을 입고 엄마가 정해준 신발이나 머리 모양을 하고 양껏 보호를 받을 수 있는 것도 애정이고 혜택일 수 있다. 그러나 나는 영원히 해줄 것이 아니라면 스스로 하게 하자고 늘 다짐했었다. "엄마가 정해준 대로 입어!"라고 강요했다면 그토록 신나게 집중하며 좋아하지는 못했을 것이다.

같은 아파트에 사는 시누이한테 나중에 들은 이야기지만 내 딸에게 붙여진 별명이 '패션 25시'였다는 것이다. 말도 안되는 패션으로 다녔으니 그럴 만도 했을 것이다. 아마 도대체 엄마가 누구냐며 쯧쯧 혀를 차고 흉을 봤을 것이다. 내 딸이 거울 앞에서 놀며 거울을 본 횟수로 헤아리자면 아마 거울이 닳아서 없어졌을 것이다. 어찌 했든 나는 "우와~ 우와~" 하면서 감동해주었고, 모델처럼 워킹놀이를 하면 삼촌들에게는 무조건 박수를 치고 환호하게 했다.

거울공주, 패션 25시. 내 딸은 얼마 가지 않아서 '쌍촌동 패션'으로 격상되어 진짜 옷 잘 입는 아이로 인정받게 되었다. 옷을 사러 가도 옷 선택은 항상 아이에게 하도록 했다. 물론 대부분 안 사주고 싶을 만큼 어울리지 않는 것을 골랐다. 많은 옷이나 신발 중에 어쩌면 저렇게 촌스러운 스타일을 고를까? 하면서도 인정해주었다. 그럴 때마다 느낀 것은 아이가 보는 예쁘고 아름다운 기준이 어른과는 정말 다르다는 것이었다. 그렇게 모든 일상에서 선택권을 주고 몸소 체험하며 스스로 결정하도록 했다.

2.

스스로를 지킬 수 있도록
강하게 키워라

내가 아이를 지켜줄 수 없을 때, 어떻게 하지?

나는 엄마로서 정말 해 준 것이 없다. 해준 것이 없었기에 아이 뒤를 졸졸 따라다니며 이러쿵저러쿵 잔소리할 일은 거의 없었다. 대부분 부모가 대신 해줘버리면 아이 스스로 해야 할 동기는 생기지 않고 대신해 준 만큼 부모는 기대하다가 지치고 신경질과 후회만 갖게 될 수 있는데 나는 다행히 그러지 않을 수 있었다. 아침에 일어나라고 사정하는 일도, 늦었다고 데려다주는 일도 없었다. 내가 작정한 일이기도 했지만 사실 가장으로 생계를 유지해야 했던 내 형편으로는 그럴 겨를이 없기도 했다. 하지만 아이들은 불필요한 개입을 하지 않고 맡겨주면 그것이 무엇이든 기대 이상으로 해내는 만능 엔터테이너라는 것을 알게 되었다.

덕분에 아이는 누구보다 패션이나 미적 감각 그리고 손재주가 남다른 소질을 갖게 되었고 패션을 전공하지 않았지만 누구보다 탁월한 감각을 지니게 되었다. 훗날 대학 시절 이상봉 패션 디자이너와 함께 패션쇼 무대에 당당히 서서 멋지게 워킹 할 수 있었던 탄탄한 기본기가 되었던 것은 '패션 25시'의 저력이지 않았을까. 패션 25시란 웃기고 기괴한 패션이라는 의미였는데 36살 내 딸은 지금도 어떤 모델보다 멋지다. 물론 내 눈에는 말이다.

사람마다 각자의 경험에 따라 다른 신념들을 갖게 되고 그 경험의 강도가 충격적이면 그 신념은 어떤 신앙보다 강할 수 있다. 내 아이를 위한다는 명분으로 정한 작전들은 어찌 보면 다 나의 결핍에서 비롯되었으리라. '부모는 아이를 함부로 도와주면 안 되고 스스로 할 수 있도록 때론 혹독하게 해야 한다'는 나의 이 신념 또한 내 아픈 경험에서 비롯된 것이다.

남편이 중환자실에서 사경을 헤맬 때 내 아이와 같은 연령의 여자아이와 만삭인 엄마 그리고 아빠까지 일가족이 교통사고로 들어왔는데, 그날 그 작은 아이만 남게 되었다. 죽음이 무엇인지도 모를 그 아이는 깨어 있는 시간 내내 엄마 아빠를 번갈아 부르며 울다 지쳐 쓰러지기를 반복했다. 그 광경을 보면서 하나의 질문이 생겼다. 부모는 언제까지 자녀를 보호할 수 있을까? 부모가 다 사라진 지금 저 아이한테 필요한 것은 무엇일까? 돈이나 친척이 저 아이를 지켜줄 수 있을까? 그리고 일주일 뒤에 내 아이에게서도 아빠가 사라져버렸다. 묘지 주변에서 꺾었을 산들 국화를 들고 아빠와 마지막 작별을 하는 아이를 보면서 '나는 어떻게 내 딸을 지켜낼 수 있을까?', '나조차 무슨 변고가 생기면 내 아이는 어떻게 하지?'란 두려움이 슬픔보다 컸다. 그때 그 충격과 질문은 '스스로를 지킬 수 있도록 강하게 키워야 한다'는 신념이 되었다.

아이의 실수를 성장의 기회로 삼아라

나는 유난히 실수가 잦은 아이를 키우면서 실수를 실험의 기회로 삼으려고 노력했다. 이 또한 일부러 의식하지 않으면 나도 모르게 "휴, 또

~"라고 한숨부터 쉬게 되기 때문이었다. 그래서 손에서 놓지 않았던 것이 유아교육 관련 책이었다. 책 속 멘토에게서 부모 역할의 길을 묻고 다양한 채널을 통해 전문가들을 찾아 공부하면서 나 역시 엄마로서 조금씩 성장할 수 있었다.

"엄마! 혹시 계모 아니야? 괜찮으니까 사실대로 말해 줘! 친엄마가 어떻게 그래?"

어느 날 퇴근하는 나를 현관에서 보자마자 씩씩거리더니 울음을 터트리며 소리쳤다. 그렇게 따진 이유는 아이가 비상금을 다 써버려서 차비가 없다며 SOS를 보냈는데, 나는 '엄마가 시외 있어서 가고 싶어도 갈 수가 없으니 다른 방법을 찾아봐야 할 것 같다'고 하고 전화를 끊었다. 물론 상황 파악을 모두 끝냈기에 내린 결정이었다. 사촌 언니, 오빠와 신나게 놀고 이것저것 사먹느라 세 아이가 버스비도 안 남기고 다 돈을 써버린 것이다. 항상 비상금을 남기고 돈을 써야 한다는 규칙을 강조했었기에 이 상황으로 제대로 각인시켜야겠다고 생각했다. 고모에게 아이들한테 전화 오면 데리러 갈 수 없는 상황이라고 말하라고 하고 모른 척 상황을 지켜보기로 했다. 내 아이 혼자라면 엄두도 못 냈겠지만 고학년 언니 오빠가 함께 있었기에 내릴 수 있는 결정이었고 찬스였다. 계산해보니 아이 세 명이 걷기에 불가능한 거리도 아니었다. 전화가 수차례 왔지만 "미안하지만 엄마가 가더라도 밤늦게 도착할 거야."라고 하고 다시 방법을 찾아보라고 일관했다. 결국 세 아이는 어쩔 수 없이 걸어서 왔다. 그런데 거의 도착 무렵에 비까지 내린 것이다. 시외라고 했으니 나는 차에서 기다리다 평소보다 늦은 시간에 맞춰 들어갔는데 다짜고짜 계모 아니냐며 따진 것이다.

불과 며칠 전에는 가방을 아무 데나 걸어놓고 놀다가 잃어버렸었다. 그래서 나는 같은 라인의 벨을 다 누르고 다니면서 혹시 이렇게 생긴 가방 보신 적 있냐고 확인을 하라고 했다. 아이 앞에서 벨을 누르고 사람이 나오면 해야 할 말을 시연해 보였다. "벨을 누르면 '누구세요?' 할 거야. 그러면 '저는 102호에 사는 원현우인데요. 드릴 말씀이 있어서요.'라고 해. 문을 열어주면 '이런 모양의 가방을 혹시 보셨나요?'라고 여쭤보고, 본 적이 없다고 하면 '감사합니다.'라고 인사를 하면 되는 거야." 솔직히 못 할 것으로 생각했지만 이 상황을 그저 넘어가면 다음에 또 잃어버려도 심각성을 모를 것 같았다. 결국 설득을 해서 딱 세 집만 하는 것으로 협상을 했다.

"소중한 일기장이 들어 있는 가방을 잃어버리고도 네가 어떤 노력을 하지 않는다면 엄마는 가방을 당장 사줄 수 없으니 당분간은 가방 없이 학교에 가야 해."

쉽게 가방을 포기하는 것은 무책임한 것이라고 말하고 기다렸다. 학교 안 가면 된다고 울며 협박하다가 원망이 가득한 얼굴로 집을 나서서 결국은 해낸 것이다. 사실 기대 이상이었고 놀랍고 감동이었다. 결국 하고 와서는 나쁜 엄마라 하며 토라졌었다. 가방 사건 역시 사실 잃어버린 가방을 찾을 수 없다는 것을 알았다. 그러나 물건을 자주 잃어버리는 아이에게 소중한 물건을 잃어버린 데 대한 책임감을 느끼게 하고 싶어서 번거로운 절차를 겪게 했다. 하지만 아이에게는 그 과정이 얼마나 황당하고 힘들었으며 별난 엄마라고 원망했겠는가? 그러니 그 일과 차비 사건이 겹치면서 화가 몹시 난 것이다.

나 역시 그런 순간에는 늘 수없이 헷갈리고 의심되고 힘들었다. 내가 너무 유난 떠는 것은 아닌가? 아빠도 없이 외롭게 크는 아이를 더 챙겨주고 더 편하게 해줘야 하는데, 무엇을 기대하고 이렇게까지 해야 하나? 많은 순간 아이는 울고 나는 그 울음보다 더 큰 고통을 삼켜야 했다.

그렇게 나는 '엄마가 무조건 대신해주지 않는다'를 실천하려고 늘 애썼다. 엄마인 내가 무능해져야 아이는 스스로 문제를 해결할 의지를 갖기 때문이다. '나조차 내 아이를 지킬 수 없는 상황이 와버리면 내 아이는 어떻게 하지?'라는 불안이 만들어낸 신념이긴 했지만 대신 아이에게 잔소리할 일은 생기지 않았다. 아니 엄마가 대신해준 것이 없으니 기대나 잔소리할 자격이 없었다는 말이 맞을 것이다. 나는 아무리 돌이켜봐도 정말 해준 것이 없는 엄마다. 독립적이고 강하게 키워야 한다는 나의 일념때문에 아이를 너무 고생시킨 엄마다.

하지만 그런 덕분에 부모 교육 강의에서 '대신해주는 부모는 소중한 아이를 믿지 못하거나 바보 취급하는 나쁜 부모'라고 아주 센 강의를 하고 있다.

아이를 무조건적으로 허용하거나 통제하는 부모는 아이를 믿지 못하는 것과 다름 없다. 아이를 믿지 못한다는 것은 사실 부모가 성장 과정에서 겪었던 부모의 결핍이었던 행동이 아이로부터 반복되면 어쩌나 하는 불안감에서 비롯된 것일 수도 있다.

양육 방식은 자연스럽게 대물림되는 경우가 많다. 나는 부모 역할에 대해 다양한 공부를 하기도 했지만 돌이켜보면 부모로부터 야단맞은 기억이 없다. 아버지는 늘 나를 보면 농담을 건네며 웃어주셨고 어찌 된 일인지 실수를 해도 화를 내지 않으시고 대신 스스로 해결하고 책임지도록 문제를 내게 고스란히 남겨 두셨다. 항상 행동에 자유를 주셨지만 책임은 부모가 대신해 줄 수 없다고 강하게 말씀하셨고 그것이 막연한 통제보다 훨씬 강력하고 효과적이라는 것을 내 삶을 통해서 알게 되었다.

아버지가 돌아가신 지가 20년이 넘었지만 어릴 적 아버지가 "아이고, 우리 미경이는 어디서 뭘 한다 해도 걱정도 안 한당께! 요씨~ 우리 딸을 아부지는 항상 믿는다이~" 막걸리를 드시는 날엔 한 말 또 하고, 한 말 또 하고를 몇 시간이나 반복하셨지만 그때 아버지의 모든 말은 어떤 잔소리보다 효과적이었다. 술에 취해도 아버지는 왜 사는지, 어떻게 살아야 하는지, 꿈이 무엇인지, 당장 눈앞보다 미래를 준비해야 하는 이유가 뭔지 등등 어린 내가 다 이해할 수 없었던 이야기와 질문들을 하셨고 매번 반복되었기에 순서를 외울 정도였다. 그런 아버지의 술주정에서 비롯된 질문들이 늘 내 삶의 중심에서 아직도 울리고 있다.

적극적 공감을 받지 못하면 행동은 고쳐지지 않는다. 오히려 지적 받으면서 문제행동은 더 강화되고 고착이 되어 버린다. 옳고 그름을 따지지 말고 아이 감정 그 자체에 공감해주고 마음을 읽어주면 옳고 그름은 아이가 분별하게 된다. 아이들은 생각보다 현명하고 문제를 해결하는 기발한 아이디어를 갖고 있다. 부모에게는 기다려줄 용기, 믿어줄 용기가 필요하다.

3.

아이는 부모가 믿는 대로 자란다

부모가 해 주는 말이 자녀의 운명이 된다!

세 번째 나의 작전은 의미를 담아 '이름 앞에 수식어 붙여서 부르기'였다.

유치원 선생님의 편지를 받은 이후부터 나는 내 아이를 깊게 관찰하게 되었다. 아이 스스로 내키지 않은 일은 아무리 말을 해도 들은 척도 하지 않았고 불러도 쉽게 대답을 들을 수 없었다. 특히 낯선 사람이나 상황은 쳐다보지도 않았고 많은 순간 엄마인 내게도 예외는 아니었다. 이야기를 하려면 눈을 맞추기 위해서 내가 고개를 숙이거나 거꾸로 들이대야 했다. 집중은 선택적이긴 했지만 몰입도는 매우 높았다. 매번 엘리베이터에서 마주치게 되는 동네 주민들과 인사를 나누는 동안에도 내 아이는 항상 고개를 숙이고 사람을 쳐다보지 않았다. "아이고, 엄마는 안 닮았네."라는 말이 어색한 분위기를 대변하곤 했다.

나 역시 어려서는 극단적인 내향형이었고 이모가 "너는 밥 먹을 때는 입을 벌리냐?"며 꼬집기도 하셨다. 그래서 사람은 영원히 바뀌지 않는 것이 아니라 변화 가능하다는 것을 안다. 그래서 생각해 낸 방법이 이름 앞에 수식어를 붙여 주는 것이었다.

일단 내 나름대로 정한 순서는 인사를 잘하는 아이로 이끌어 주는 것이었다. 당시 내게 심리학이나 아이 발달에 대한 전문적인 지식이 많았던 것도 아니라서 엄마로서 막연하게 떠오른 생각이었고, 그 생각의 원천은 성경 말씀이었던 것 같다. 지금은 아니지만 어릴 때부터 열심히 신앙생활을 했었고 그로 인해 내 마음 판에 새겨진 성경 말씀들이 어떤 문제를 만날 때마다 나침반이 되기도 했다.

"태초에 하나님이 천지를 창조하시니라, 중략 하나님이 가라사대

빛이 있으라 하시매 빛이 있었고…"

- 창세기 1:1.3

"그들에게 이르기를 여호와의 말씀에 내 삶을 두고 맹세하노라 너

희 말이 내 귀에 들린 대로 내가 너희에게 행하리니"

- 민수기 14:28

하나님은 천지를 '가라사대', 즉 말씀으로 창조하셨고 하나님 귀에 들린 대로 행하신다고 하셨으니 위 두 구절의 성경 말씀은 살면서 용기가 되고 힘이 되었었다. 신이 인간을 말씀으로 창조했듯이 부모는 자녀를 창조한 창조주니 부모가 해 주는 말이 자녀의 운명이 되고 부모가 해주는 말대로 재창조될 것이라는 막연한 나의 기도였다. "인사하는 것을 좋아하는 원현우! 현우는 인사하는 것을 좋아해요!"라고 정해놓고 이름을 그냥 부르지 않았다.

"인사하는 것을 좋아하는 현우는 오늘 어떤 옷을 입고 갈 거야?"

"인사 잘하는 현우는 우유 마실래? 주스 마실래?"

"인사 잘하는 현우야, 사랑해!"

아이를 부를 때마다, 아니 부를 일이 없어도 눈을 마주칠 때마다 나는 구구단을 외우듯 그렇게 아이를 불렀다. 아이가 좋아했을까? 아니다. 그저 좋아하기에는 이미 커버린 어린이였고 누구보다 자기 자신이 인사를 하지 않는다는 것을 너무 잘 알고 있었을 뿐더러, 주변 사람들이 아이를 볼 때마다 인사에 대해 지적하는 말을 했었기에 나의 그런 말이 통할 리 없었다. 그럼에도 나는 무심코 던지는 말처럼 슬쩍슬쩍 씨를 뿌려놓듯이 여기저기 구석구석 던져 놓았다. 말이 씨가 된다는 옛말처럼 언젠가 피어날 꽃씨를 뿌리듯 마구마구 뿌려 댔다.

"아이, 하지 말라고~! 엄마는 뻥쟁이야!"라고 내게 소리 지르기도 했고 그럴 때면 '혹시 나의 이런 처방이 아이를 더 스트레스 주는 것은 아닐까?' 걱정도 되었지만 달리 방법이 없었다. 억지로 인사를 해야 한다고 가르치고 싶지는 않았다. 얼굴도 쳐다보지 않는 아이의 몸을 억지로 굽히고 머리를 눌러서 억지 인사를 시키는 엄마가 되고 싶지는 않았다.

그때 한창 천 마리의 학을 접어서 선물하는 것이 유행이었다. 나는 천

번이 아니라 천 번에 천 번을 더 하더라도 해내야 한다고 생각했다. 엄마로서 미안함 때문이었다. 그렇게 말하려니 아이의 눈을 굳이 마주치며 표정을 볼 기회가 많아졌다. 그 말 외에도 종이에 수없이 많은 수식어를 적어서 붙여 놨다. 아이를 위해 붙여놓은 것이 아니라 내가 수시로 보고 의식하기 위해서였다. 내 마음을 지키고 내 입을 열게 하는 마법의 주문서였다.

인사하는 것을 좋아하는 현우는~

침착한 현우는~

차분한 현우는~

집중력이 좋은 현우는~

교양 있는 현우는~

물건을 잘 챙기는 현우는~

……

수식어로 아이를 부르는 것이 결코 쉽지는 않았다. 하지만 수식어를 붙여서 부를 때마다 신기하게도 나도 모르게 염려는 사라지고 미소가 지어졌다. 아이 또한 점점 싫지 않은 것인지 아니면 익숙해져서 그런 것인지 거부하지 않게 되었다. 엄마는 뺑쟁이라고 씩씩거리며 눈을 흘기던 모습이 사라질 때쯤 기적 같은 일들이 일어났다.

"아따~ 요 애기가 이 집 딸이요?"

아이와 손을 잡고 나가는 길에 수위 아저씨를 만났는데 반가워 하시며 말을 걸었다.

"아, 네~ 그런데 무슨 일이라도 있으신가요?"
"아따, 내가 수위생활 오래 했는디 이런 애기는 첨 봤당께! 하루에 10번 보믄 인사를 10번 해븐당께. 우리 아파트에서 요 애기 모르는 사람이 없어요! 인사성이 어찌나 좋은지, 기특혀서 뉘 집 딸인고 했구만요."

'내 아이가 안녕하세요!라고 인사를 잘하게 된다면 얼마나 좋을까!' 했던 바람이 어느 날 갑자기 생생한 현실이 되어 있었다. 나는 기적이라 말한다. 그 마음에는 지금도 변함이 없다. 아이가 소문나게 인사를 잘 하게 된 것이 '뚝딱' 도깨비 방망이가 소원을 들어주듯 이루어진 것은 아니다. 몇 년이 걸렸다. 그러나 아이 스스로 해낸 것이다. 차차 물건을 잃어버리는 것도, 덤벙대다 다치는 것도, 무조건 소리지르며 울고 떼쓰는 것도 거짓말처럼 사라졌다.

걱정을 표현하지 마라, 대신 소망을 표현하라

부모 교육현장에서 내가 했던 고민을 하는 부모들을 많이 만난다. 너무나 그 마음이 공감된다. "아휴, 걱정이에요. 얘가 이렇게 내성적이어서 맨날 제 뒤로 숨고 말도 못 해요. 이러다 학교 가서 왕따 당하고 무시당하면 어떡해요?" 충분히 헤아려지는 마음이다. 하지만 부모가 가장 먼저 해야 할 일은 그 생각을 입 밖으로 표현하지 않는 것이다. 아이 앞에서 그런 표현을 하다 보면 듣는 아이의 자존감은 바닥으로 떨어지게 된다. 마음이 상하면 아이 두뇌는 부정적으로 변한다. 부모가 자신을 못 믿는다고 받아들이며 스스로 문제 있는 아이로 인지해버린다. 걱정되는 단어를 사용할수록 염려가 현실이 되고 만다. 그러면 부모들은 이렇게 말하게 된다.

"아이고. 내가 이것저것 다 할 것 해봤는데 우리 아이는 안 되더라고 요. 이론과 현실은 달라요!"

아니다. 정말 중요한 것을 하지 않은 것이다. 아이의 변화된 모습이 그려질 아름다운 거짓말을 하지 않은 것이다. 그까짓 말로 될까? 된다! 반드시, 그것도 가장 빠르게! 설혹 아름다운 거짓말로 시작될지라도 부모의 말은 아이 영혼에 신의 소리로 전해진다. 나는 부모 교육 중에도 '아이들을 위한 스피치' 코칭에서 '부모의 말은 뇌를 수술하는 유일한 성형 도구다!'라고 강조한다.

	부모의 말은 반드시 이루어질 내 아이 미래 예언서다. − 그림이 그려지는 구체적인 긍정문장으로 표현하기 −
1	
2	
3	
4	
5	

부모의 말은 반드시 이루어질 내 아이 미래 예언서다. 말은 운명을 바꾸는 힘이라는 것을 믿는다. 나는 말을 바꾸기만 했는데 너무나 많은 것들이 달라지는 것을 몸소 경험했다. 특히 부모의 말은 제일 먼저 아이 성격에 영향을 준다. 지금 아이의 결핍이라고 생각되는 것이 있는가? 그것을 결핍이라고 염려하지 말고 기회로 삼아라. 결핍이 채워지길 바라는 마음을 담아 아이 이름 앞에 수식어를 붙여 불러주자. 단언하건대 어떤 처방보다 속히 그 말대로 생생한 현실이 되어 눈앞에 펼쳐질 것이다.

4.

신을 믿듯
아이의 가능성을 믿어라

아이가 실수했을 때,
먼저 공감하고 천천히 해결하라

나는 미숙하고 부족한 엄마였다. 여기에 다 열거할 수 없을 만큼의 많은 일이 있었지만 내가 엄마로서 부모 교육 상담자로서 하고 싶은 말은 단 하나다.

"신을 믿듯이 내 아이를 믿어라."

신은 믿으면서 내가 낳은 신의 선물을 못 믿는가? 물론 쉽지 않을 것이다. 아이들은 실수하기 위해서 태어난 것처럼 갖가지의 실수를 하며 성장하기 때문이다. 유대인들은 '마잘톱'이란 말로 아이들의 실수를 박수치며 축하해준다. 실수를 통해서 배운다고 생각하기 때문이다. 아이에게 어떤 말을 가장 많이 해주었냐고 물어본다면 '괜찮아'란 말이다. "괜찮아, 괜찮아."의 위력은 아이 안에 기적의 씨앗을 틔우게 한다.

아이가 실수를 했을 때 부모가 제일 먼저 해야 할 일은 위험한 상황인지 아닌지를 판단하는 것이다. 그리고 나서 해야 할 것은 '아이의 감정에 공감'해주는 것이다. 일어난 실수가 어떤 의도로 일어난 것인지 알아차리고 그 의도를 인정해주는 말을 해야 한다.

"놀랐지? 괜찮니? 무서웠지? 엄마 도와주려다가 손이 미끄러졌구나!"
"혼자 해보려다가 실수를 했구나!"

그 상황에 맞는 공감의 말로 아이를 안정시켜야 한다. 실수하는 아이들은 불안감이 높고 산만하기에, 이런 아이에게 화를 내거나 야단을 치면 불안이 고조된다. 감정의 뇌, 우뇌에는 비상사태가 선포된다. 부모는 다음에 이런 상황을 만들지 않기 위해 열심히 주의를 주고 설명하지만, 이미 불안과 긴장으로 가득한 아이의 두뇌는 전시 상태이므로 소용없다. 상황조차 제대로 인지하지 못하게 된다.

아이가 컵에 물을 쏟았다고 하자. 부모는 번개처럼 빠른 속도로 문제 상황을 종료시킨다.

"엄마가 조심하라고 했지?"
"아이고, 저리 가! 엄마가 닦을 테니까 다음부터는 조심해야 해!"
"괜히 일 만들지 말고 가만히 있어!"

이런 말들이 쉽게 나온다. 아이 입장에서는 자신이 왜 물을 쏟게 되었는지, 다시 쏟지 않으려면 어떻게 해야 하는지를 알 수 없다. 나중에 또 쏟을 확률이 크다. 이런 상황이 반복되면 이 아이는 말을 안 듣는 아이가 되고, 실수가 잦고 산만한 아이라는 핀잔을 듣게 된다.

그러나 아이들의 모든 행동에는 다 이유가 있다. 그저 쓸데없이 심심하니까 말썽을 부리는 것이 아니라 건강한 성장을 하기 위해 시도하는 것이다. 내면에 잠재되어 있는 아인슈타인이나 피카소의 재능을 실험하느라 시도해보는 건강한 몸짓언어다. 아이들의 실수에 기뻐하며 박수칠 수 있어야 한다. 작은 일상이 모여 자존감의 싹을 없앨 수도, 꽃을 피울 수도 있다. 아이들은 사소한 실수를 거듭하면서 과학자도 되고 예술가도 된다.

실수로부터 아이가 배울 수 있게 하라

"아이쿠, ○○이가 물을 쏟았구나? 괜찮니?"

"○○아, 놀랐겠네! 엄마가 도와줄게. 엎질러진 물을 닦아보자. 어떤 것으로 닦아볼까?"

이렇게 말하면 아이는 평소 엄마가 무엇인가를 닦을 때 사용했던 것을 귀신처럼 찾아온다. 물티슈를 가져왔다고 해보자.

"그래, 어디 닦아볼까? ○○이가 닦아 보세요! 어때, 잘 닦아지니?"

물티슈로 닦는 것을 도와주다가 살짝 질문을 던져 준다.

"〇〇아, 물티슈보다 더 잘 닦이는 것이 있으면 좋겠는데 뭐가 있을까? 화장지나 마른 수건은 어떨까?"

이렇게 말을 흘리면 이것저것 들고 온다. 화장지나 마른 걸레로 닦을 수 있도록 도와주면 아이 눈에 광채가 돈다. 물티슈와 마른 화장지의 차이를 알게 되는 환희의 순간이다. 아이 입장에서는 대발견이다. 대견하다고 엄지 척을 해주면 아이는 대단한 과업을 해낸 것처럼 행복해하며 으쓱한다. 실수가 기회가 되는 순간이다.

그리고 다시 컵에 물을 따르며 아이에게 보여준다. 물을 어떻게 따라야 하는지, 물이 담겨진 컵을 들 때는 물의 정도를 가늠하고 들 수 있도록 컵 안을 들여다보는 시범을 보여준다. 그렇게 컵을 사용하는 방법을 다시 알려주면 당장은 아니더라도 실수가 줄어든다. 이 실수의 기회가 아이의 주의력을 향상시킨다.

아이 입장에서는 어른들이 물 컵으로 물을 마시는 행동이 빨라 보인다. 아이는 시각으로 배우는 천재이기 때문에 보이는 속도를 그대로 모방한다. 그러나 성급한 기대는 금물이다. 아이는 아직 미숙하기에 어른들이 하는 그대로 하다가는 금방 실수를 한다. 행동에 관한 루틴을 정확히 보도록 해야 한다.

아이의 실수는 부모에게도 매우 중요한 기회다. 왜냐하면 실수나 잘못을 하고 나서 긴장하고 있을 때 부모가 "괜찮아, 괜찮아."라고 지지해줄 수 있는 절호의 찬스가 만들어지기 때문이다. 아이의 실수가 100번이면 부모는 아이에게 100번의 긍정의 말을 들려줘라. 그럴 기회로 생각하면 아이들의 실수를 좀 더 편하게 받아들일 수 있지 않을까?

5.

우뇌를 아는 부모가 되라

내가 가장 처음 만난 우뇌 교육자였던 나의 아버지

내가 어릴 적, 농부였던 아버지는 신문을 3개나 보셨다. 그 당시 동네 어른들은 대부분 글을 모르셨기 때문에, 우리 집은 빨간 자전거를 탄 우체부가 매일 신문을 배달하는 유일한 집이었다. 초저녁부터 잠자리에 드시는 아버지는 새벽 2시쯤 일어나셔서 항상 책이나 신문을 보셨다. 방 하나에 온 가족이 모여 같이 잤던 그 시절, 잠결에 들려오던 아버지의 책장 넘기는 소리가 아직도 그대로 느껴진다. 시골의 새벽은 지렁이가 기어가는 소리도 들릴 정도로 고요했으니, 아버지의 책장 넘기는 소리가 잠을 깨울 만큼 크게 느껴졌다. 나는 그 소리가 너무 좋았다. 아버지를 떠올리면 귓가에 책장 넘기는 소리가 난다. 책을 읽는 농부! 나는 아버지가 멋있어 보였다. 아버지는 항상 무엇인가를 읽고 계셨다. 매일 우체부가 전해주는 신문뿐 아니라 농민잡지를 구독하시고, 늘 새로운 정보를 마을 사람들에게 전달해주었다. 아버지는 그때 교회를 다니지 않으셨지만 성경을 읽으셨고, 성경의 중요 구절들을 외우시며 우리에게 하나님의 이야기, 때론 욥의 인내와 솔로몬 왕의 독백을 읊어 주시곤 했다. 매일 아침 눈을 뜨자마자 우리 눈에 보이도록 울퉁불퉁한 흙벽 여기저기에 붙여 놓으셨던 아버지의 글들이 아침을 재촉하는 호루라기 소리였다.

일찍 일어난 새가 먹이를 잡아먹는다.

게으르면 가난이 도적같이 온다.

형제에게 나가라는 말을 하지 말라.

가족이 지켜야 할 덕목 4가지,

…

아버지는 우리에게 필요한 것이라고 생각되는 것을 잔소리 대신 글로 써서 붙이고 떼고를 반복하셨다. 신기하게도 소리지르거나 야단치며 훈계한 적이 없는데도 아버지가 그저 필체 좋은 글씨로 벽 여기저기에 붙여놓은 글들은 소리보다 빠른 효과가 있었다. 어디로 돌아누워도 보이는 아버지의 예술작품 같은 문장들은 두 눈 부릅 뜨고 나를 주시하는 선생님처럼 강력했다. 우리는 늦잠을 모르고 자랐고 아버지 덕분에 나는 막연히 책을 좋아하게 됐다. 그렇게 나의 유년은 아버지의 책장 넘기는 소리와 아버지의 신문에서 나던 기름 냄새가 늘 가득했다. 그리고 틈만 나면 키우는 온갖 동물들이나 자연물과 이야기를 나누며 심지어 마당 안에 키우는 동물들을 다 풀어놓고 자유시간을 함께 즐기시기도 했다. "미경아, 살다가 아무리 힘들어도 흙과 사람은 포기하면 안 된다이~"라며 허허 웃으셨던 아버지는 평생 그 2가지를 지켜내는 삶을 통해 훌륭한 교과서가 되어 주셨다.

가난한 농부였지만 아버지는 일관된 규칙이 있었고 자식이라고 함부로 하지 않고 존중해주고 자유를 주셨으나 혹독하게 책임을 물으셨다. 내 딸에게 수식어를 불러주고 벽에 붙여줄 지혜도 아버지로부터 왔으리라. 큰소리치거나 통제하지 않고 자율 속에서 내 딸을 믿고 기다리고 지지해 줄 수 있었던 배짱도 아버지로부터 왔으리라. 아버지는 뇌과학, 심리학으로도 설명이 되는 '시각화'를 우리에게 실천하신 우뇌 교육자였다.

그래서 나는 우뇌 전도사가 됐다. 만약에 내가 우뇌형이 아니었다면 내 인생도 내 아이도 세상이라는 무대에 이렇게 당당하게 살아가지 못했을지도 모른다. 좌뇌는 주제 파악하고 현실적으로 살라고 나를 겁주고 비아냥거리고 비판했지만, 나의 우뇌는 그럼에도 불구하고 아직 보이지도 않는 미래를 향해 꿈을 갖고 "괜찮아 김미경! 까짓거 해보는 거지! 네가 상상하는 것은 이미 존재하는 것이니 마음껏 상상해! 그 상상이 너의 현실이 될 거야!"라고 해줬다. 말이 곧 그 사람의 성격이고 그 사람의 운명이다. 좌뇌형 사람들이 하는 말과 우뇌형 사람들이 하는 말은 다르다.

부모 역할에 정답은 없지만 정도는 있다

언어는 강력한 힘이다. 문제가 되는 행동과 관련된 '말'을 먼저 없애야 한다. 그리고 진심으로 바라는 말을 먼저 사용해줘야 한다. 내가 '우뇌, 우뇌' 하는 이유다. 현실인지 비현실인지를 모르고 반복해서 강화되는 이미지를 현실화시키는 것이 우뇌다. 좌뇌는 사실을 근거로 판단하고 분석해서 실망하게 한다면 우뇌는 보이지 않지만 존재하는 희망을 불러일으킨다. 그래서 나는 '말'의 힘을 믿는다. 아니 믿었다. 그리고 작은 기적들을 만났다. 내 딸뿐만 아니라 비슷한 어려움에 처한 많은 부모들을 만나 부적을 쓰듯 때때로 수십 장씩, 바라는 말을 적어서 붙여 놓게 한다. 절대로 변할 것 같지 않던 변화들이 그것도 놀라울 만큼 짧은 시간에 일어났다. 30년이 다 되도록 지금도 나의 이 처방은 사용된다. 상담학 박사과정을 하면서 이 모든 것이 심리학적 근거가 있다는 것을 확인하기도 했지만 엄마라는 본능이 시켜서 한 일이고 무엇보다 이런 말을 하게 되면 아이에 대해서 무한한 '믿음'이 생긴다. 기적은 엄마의 '믿음'이다. 어떤 형식을 사용하든 끝없이 믿어줄 '용기'가 행복한 또 한 사람을 탄생시키는 것이다.

누구나 말한다. 이론은 쉽다고. 누가 이론으로 모르냐고. 그런데 그게 어디 말처럼 쉽냐고. 이론과 현실은 다르다고. 이론가들이나 속 편하게 하는 말이라고. 고개를 젓는다. 틀린 말이다. 이론을 제대로 알면 실천하게 된다. 실천하지 않거나 실천하지 못하는 것은, 제대로 모르기 때문이다.

학습이 반복되고 강화되면 뇌는 그것을 중요한 정보로 인식하고 있다가 상황에 맞는 지침을 내려준다. 지식이 생긴 만큼 갈 길이 보인다. 그러니까 이론과 현실이 다르다고 말한다면 아직 이론이 부족하다는 말이 된다.

운전을 하려면 이론부터 시작해서 기술을 배우고 면허를 취득해야 하고, 취미로 수영을 하려 해도 이론부터 배운다. 어떤 코치도 물속에 먼저 밀어 넣지 않는다. 식물 하나를 키우더라도 그 식물에 맞는 조건들을 맞춰서 물을 주고 햇볕의 양을 조절해줘야 한다. 만약에 그 식물에게 맞지 않은 환경을 주면 금방 시들어 버린다. 지식이 없다면 그 무엇도 제대로 살릴 수 없다.

부모 역할에 정답은 없다지만 이론을 모르는 열정은 위험하다. 개념 없는 열정은 맹목적이기만 하다. 아무리 열심히 해도 같은 실수를 반복할 수밖에 없다. 적어도 길을 나서기 전에 제대로 된 지도를 손에 쥐어야 하지 않겠는가?

나는 중학생 때 자전거를 타고 싶어 아버지 자전거를 몰래 끌고 나가 열심히 연습했다. 아무리 잘 하려 해도 자꾸 넘어지고 왼쪽으로 돌면 반사적으로 몸이 오른쪽으로 가게 되니 넘어지기를 반복했다. 언제 오셨는지 아버지가 뒤에서 잡아 주시면서 한마디 하셨다.

"왼쪽으로 돌 때는 겁내지 말고 몸을 왼쪽 방향으로 틀고 페달을 밟아라. 자전거와 몸이 하나가 되어야 해."

그 한마디 이론으로 연습하자 신기하게도 어렵지 않게 자전거를 타게 되었다. 이처럼 무엇이든 원리를 알고 해야 헛수고를 덜 할 수 있다. 물건 하나에도 사용설명서가 있는데 부모 역할은 어떨까! 당연히 필요하다. 100% 정답은 아닐지라도 알면 알수록 방향은 잡게 되고, 기본은 알게 된다. 이정표도 없이 부모의 길을 간다는 것이 얼마나 막연하고 위험천만한 일이겠는가? 에베레스트 정상을 가면서는 무작정 길부터 나서지 않을 것이다. 정상 정복을 위한 갖가지의 정보를 취합하고 경험자들의 성공과 실패 기록을 참고하며 충분히 계산하고 점검할 것이다.

나는 미지의 세계를 접할 때는 먼저 책이라는 통로를 이용하는데 부모 역할도 마찬가지였다. 많은 참고문헌들과 전문가들의 조언과 프로그램들을 공부하면서 다행히 멀리 보고 갈 수 있는 안목이 생겼다. 책 속에 길이 있다는 말은 불변의 진리다. 책에서 얻은 지식들은 막막한 사막에서 찾은 오아시스 같았다. 답을 찾기 위해 달려온 30년 공부는 헛수고는 아니었다.

대학 축제 뮤지컬 공연을 마치고 숨을 헐떡이며 "엄마, 나는 무대 위에 서야 숨이 쉬어져!"라며 밝게 웃는 딸의 모습이 유치원 참관 수업 때 모습과 오버랩 되면서 울컥했다. 모든 아이들이 율동하느라 이리저리 움직이는데 끝날 때까지 미동도 하지 않고 우두커니 혼자 바닥만 내려다보며 서 있던 딸. 그런 딸을 지켜보는 내게는 그 시간이 얼마나 길게 느껴졌는지 모른다. 율동이 끝나고도 그 자리에 선 채로 미동도 하지 않던 아이를 안으면서 "현우야, 친구들이 많아서 현우가 안 보였는데 현우가 움직이지 않고 그 자리에 가만히 있어줘서 엄마가 이렇게 금방 찾았네~ 고마워!" 아이는 그때서야 씨익 웃어 보였다. 그저 한참을 안고 "괜찮아. 괜찮아." 했었다. 그날 유치원 마룻바닥을 비추던 햇살의 느낌까지 여전히 느린 화면으로 그대로다.

오직 내 아이만 믿고 바라볼 수 있었던 용기는 부모 역할에 대한 공부를 멈추지 않았기에 가능했다. '아는 것이 힘이다!'라는 말을 매우 좋아한다. 모르면 절대로 이해할 수 없던 것도 앎이 축적되면 알게 된 만큼 놀라운 힘이 된다. 그 덕분에 부모 교육 전문가로 성장했고 세상의 어떤 잣대도 들이대지 않겠다던 30년 전의 약속을 다행히 잘 지킨 것 같다.

"엄마, 놀이동산에 갈 때만이라도 하늘나라에 있는 아빠한테 오라고 하자, 응?"

아빠의 영정사진을 들고 와서 하늘나라에 전화하라고 막무가내로 떼쓰고 울던 5살 내 딸은 5년을 땅속에 있다가 2주 만에 수십 미터를 자라는 모죽처럼 눈부시게 잘 성장했다. 지금은 36살 아이 셋의 엄마로, 내 부러움의 대상이 되어 행복하게 잘살고 있다.

만능 천재
요한 볼프강 폰 괴테를 키운
우뇌 교육 환경

요한 볼프강 폰 괴테(Johann Wolfgang von Goethe)

ㅡ 독일의 위대한 작가, 정치가, 과학자

　나는 오래 전 유럽 여행 중에 괴테 하우스를 가게 되었는데 그곳에

서 본, 어릴 때부터 괴테가 읽었을 많은 책들은 두꺼운 고서들이었

다. 어떤 방식으로든 그런 책 수준의 언어를 듣고 자란 괴테의 이야

기를 가이드로부터 듣고 나서 나는 말했다.

"어휴, 제가 이 집에 태어나서 괴테의 환경에서 자랐다면 저라도 저절로 괴테가 되었겠네요."

괴테는 천재적인 작가로 시인, 소설가, 변호사, 도서관장, 극작가, 자연과학자, 미술연구가, 정치가였다. 그는 '어머니가 들려주던 이야기로부터 나의 문학은 시작되었다.'라고 말할 만큼 부모의 전폭적인 지원 속에서 성장했다.

어머니는 매일 저녁 책을 읽어주며 괴테의 상상력을 키워주었다. 이야기의 결말은 말해주지 않고 괴테에게 결말을 상상하도록 했다는 일화는 유명하다. 할머니는 어린 괴테를 위해 직접 인형극을 만들어 공연을 하기도 했다. 괴테의 외할아버지가 정치가이자 예언가였기에 괴테 집안에는 많은 사람들이 방문하여 토론을 즐겼는데, 그런 수준 높은 대화의 장이 열리는 환경에서 괴테는 성장한 것이다. 무엇보다 그의 아버지는 일찍이 괴테 교육에 전념하며 각 분야의 전문가들과 교류하며 교육 환경을 만들어 주었다. 괴테는 라틴어뿐만 아니라 프랑스어, 그리스어, 영어, 이탈리아어, 히브리어, 이디시어 등도 교육 받았다.

이 모든 것이 괴테가 언어를 습득하고 두뇌가 발달하는 시기부터 갖춰진 환경이었다. 괴테는 온 가족의 지지를 받으며 준비된 환경이 만들어 낸 우뇌 천재다. 우뇌가 아니면 설명할 수 없다. 괴테의 천재성의 큰 핵심은 역시 우뇌적 습득 시기에 고차원 환경이 주어졌던 것이다.

우뇌 교육 혁명으로

행복한 아이를 만들고 행복한 부모가 되자!

"말은 운명을 빚는다."

- 장 폴 사르트르

돌이켜보면 위기 때마다 결국 나를 이끌어준 것은 나의 내면 깊숙이 메아리처럼 울리고 있던 '아버지의 말'이었고 수없이 많은 책 속에서 만났던 사람들의 '말'이었다.

"요씨! 우리 딸 괜찮아! 너는 뭘 해도 아부지가 믿는다이~"

삶의 낭떠러지에 매달린 위기의 순간에 이런 아버지의 말은 나를 다시 살게 하는 동아줄이 되었다. 아버지가 돌아가신 지가 20년이 넘었는데 신기하게도 아버지가 무심코 내뱉었을 갖가지의 말들이 여전히 생생하게 들린다. 내 아버지는 분명 긍정의 힘을 알았던 우뇌형 부모였다. 그런 아버지의 유전자가 내게 있어서 나 역시 말의 위력을 믿고 내 아이를 믿을 수 있었으리라.

이미 과녁을 향해 쏘아 올린 활시위의 방향을 의지로 바꿀 수 없듯이 부모의 말이 그렇다. 부모의 말에는 지우개가 없다. 부모의 말은 긍정의 말이든 부정의 말이든 지워지지 않고 반드시 삶에서 그대로 재현된다. 그래서 부모의 말은 모든 것을 가능하게 하고 치유할 특효약이 되기도 하고 모든 것을 파괴할 독이 되기도 한다. 부모라면 당장 눈앞에 자녀가 어떤 결과로 보이든 실망하고 낙담하는 말을 무심코라도 해서는 안 된다. 긍정의 말은 피그말리온의 기적을 일어나게 하지만 부정적인 부모의 말은 스티그마 효과(Stigma effect)를 일으킨다. 지워지지 않는 부정적 낙인이 되어 결국 부적응 행동과 부정적 결과를 낳게 된다.

나는 이 책에서 우뇌 발달 시기를 강조했다. 대한민국 부모들이 우뇌

속성을 이해하고 교육의 방향을 좌뇌에서 우뇌로 전환하기를 소망한다. 좌뇌적 관점에서 보면 불가능해보이는 것이 우뇌로 전환하면 희망이 된다. 또한 우뇌 능력은 생각지 못했던 방법과 뜻하지 않은 행운 같은 결과를 가져다준다.

좌뇌형 부모는 행복하지 않다. 경험과 축적된 데이터로 비교하고 분석하기 때문에 만족하기보다는 기대에 못 미친 결과를 아쉬워하며 과거에 머물게 된다. 그러는 부모를 보고 아이가 느끼는 것은 존재감 상실이다. 부모의 욕망을 채워주지 못한 죄책감을 갖게 되고 내적 불안을 안고 살게 된다.

우뇌형 부모는 반대다. 지금 현재를 쉽게 인정하고 "그럼에도 대단해! 감사해!"라는 긍정의 수레바퀴를 장착한다. 현재에 머물지 않고 미래의 가능성을 향해 즉시 출발한다. 보이지 않지만 있고, 손에 잡히지 않지만 존재하는 무한한 잠재능력을 믿고 지지한다. 실수나 실패를 다른 경험, 다른 성공이라 해석하며 지금 현재 아이의 존재 자체를 지지하고 격려해준다. 아이도 부모도 행복하다.

좌뇌형 부모는 과거의 실수를 지적하고 경각심을 주지만 우뇌형 부모는 실수를 재능으로 활용할 수 있도록 용기를 준다. 어떤 부모가 내 아이를 행복하게 하겠는가? 공부법도 독서법도 우뇌의 내재된 능력을 활용한다면 기대 이상의 성장을 확인할 수가 있다. 부모가 희망하고 아이가 바라는 것이 무엇이든 우뇌를 앞세운 인생 전략은 100% 성공이라 확신한다.

오늘도 우리 아이들의 행복한 미래를 위해 우뇌 교육 혁명자의 길 위에 선 당신의 훌륭한 이름은 '부모'다. 우뇌 교육 혁명은 쉽다. 간단하다. 익숙한 것과 결별할 마음만 먹으면 된다. 아이도 부모도 행복할 수 있는 유일한 출구를 향해 이제 '우뇌'로 방향을 바꿔보자.

대한민국의 모든 부모님들을 응원하고 존경하며!

– 노벨상의 대모 김미경